杭州优秀传统文化丛书

Hangzhou Youxiu Chuantong Wenhua Congshu

清高遗庙
肃人思

林赶秋 ——

著

杭州出版社

图书在版编目（CIP）数据

清高遗庙肃人思 / 林赶秋著 .-- 杭州：杭州出版社，2022.8
　（杭州优秀传统文化丛书）
　ISBN 978-7-5565-1861-6

　Ⅰ . ①清… Ⅱ . ①林… Ⅲ . ①祠堂—介绍—杭州
Ⅳ . ① K928.75

中国版本图书馆 CIP 数据核字（2022）第 136913 号

Qinggao Yi Miao Su Ren Si

清高遗庙肃人思

林赶秋　著

责任编辑	杨　凡
装帧设计	章雨洁
美术编辑	祁睿一
责任校对	陈铭杰
责任印务	姚　霖
出版发行	杭州出版社（杭州市西湖文化广场32号6楼） 电话：0571-87997719　邮编：310014 网址：www.hzcbs.com
排　　版	浙江时代出版服务有限公司
印　　刷	天津画中画印刷有限公司
经　　销	新华书店
开　　本	710mm×1000mm　1/16
印　　张	13.75
字　　数	169千
版印次	2022年8月第1版　2022年8月第1次印刷
书　　号	ISBN 978-7-5565-1861-6
定　　价	58.00元

序 言

文化是城市最高和最终的价值

　　我们所居住的城市，不仅是人类文明的成果，也是人们日常生活的家园。各个时期的文化遗产像一部部史书，记录着城市的沧桑岁月。唯有保留下这些具有特殊意义的文化遗产，才能使我们今后的文化创造具有不间断的基础支撑，也才能使我们今天和未来的生活更美好。

　　对于中华文明的认知，我们还处在一个不断提升认识的过程中。

　　过去，人们把中华文化理解成"黄河文化""黄土地文化"。随着考古新发现和学界对中华文明起源研究的深入，人们发现，除了黄河文化之外，长江文化也是中华文化的重要源头。杭州是中国七大古都之一，也是七大古都中最南方的历史文化名城。杭州历时四年，出版一套"杭州优秀传统文化丛书"，挖掘和传播位于长江流域、中国最南方的古都文化经典，这是弘扬中华优秀传统文化的善举。通过图书这一载体，人们能够静静地品味古代流传下来的丰富文化，完善自己对山水、遗迹、书画、辞章、工艺、风俗、名人等文化类型的认知。读过相关的书后，再走进博物馆或观赏文化景观，看到的历史遗存，将是另一番面貌。

　　过去一直有人在质疑，中国只有三千年文明，何谈五千年文明史？事实上，我们的考古学家和历史学者一直在努力，不断发掘的有如满天星斗般的考古成果，实证了五千年文明。从东北的辽河流域到黄河、长江流域，特别是杭州良渚古城遗址以距今5300—4300年的历史，以夯土高台、合围城墙以及规模宏大的水利工程等史前遗迹的发现，系统实证了古国的概念和文明的诞生，使世人确信：这里是古代国家的起源，是重要的文明发祥地。我以前从来不发微博，发的第一篇微博，就是关于良渚古城遗址的内容，喜获很高的关注度。

　　我一直关注各地对文化遗产的保护情况。第一次去良渚遗址时，当时正在开展考古遗址保护规划的制订，遇到的最大难题是遗址区域内有很多乡镇企业和临时建筑，环境保护问题十分突出。后来再去良渚遗址，让我感到一次次震撼：那些"压"在遗址上面的单位和建筑物相继被迁移和清理，良渚遗址成为一座国家级考古遗址公园，成为让参观者流连忘返的地方，把深埋在地下的考古遗址用生动形象的"语言"展示出来，成为让普通观众能够看懂、让青少年学生也能喜欢上的中华文明圣地。当年杭州提出西湖申报世界文化遗产时，我认为这是一项需要付出极大努力才能完成的任务。西湖位于蓬勃发展的大城市核心区域，西湖的特色是"三面云山一面城"，三面云山内不能出现任何侵害西湖文化景观的新建筑，做得到吗？十年申遗路，杭州市付出了极大的努力，今天无论是漫步苏堤、白堤，还是荡舟西湖里，都看不到任何一座不和谐的建筑，杭州做到了，西湖成功了。伴随着西湖申报世界文化遗产，杭州城市发展也坚定不移地从"西湖时代"迈向了"钱塘江时代"，气势磅礴地建起了杭州新城。

从文化景观到历史街区，从文物古迹到地方民居，众多文化遗产都是形成一座城市记忆的历史物证，也是一座城市文化价值的体现。杭州为了把地方传统文化这个大概念，变成一个社会民众易于掌握的清晰认识，将这套丛书概括为城史文化、山水文化、遗迹文化、辞章文化、艺术文化、工艺文化、风俗文化、起居文化、名人文化和思想文化十个系列。尽管这种概括还有可以探讨的地方，但也可以看作是一种务实之举，使市民百姓对地域文化的理解，有一个清晰完整、好读好记的载体。

传统文化和文化传统不是一个概念。传统文化背后蕴含的那些精神价值，才是文化传统。文化传统需要经过学者的研究提炼，将具有传承意义的传统文化提炼成文化传统。杭州与丛书作者在创作方面作了种种古为今用、古今观照的探讨交流，还专门增加了"思想文化系列"，从杭州古代的商业理念、中医思想、教育观念、科技精神等方面，集中挖掘提炼产生于杭州古城历史中灵魂性的文化精粹。这样的安排，是对传统文化内容把握和传播方式的理性思考。

继承传统文化，有一个继承什么和怎样继承的问题。传统文化是百年乃至千年以前的历史遗存，这些遗存的价值，有的已经被现代社会抛弃，也有的需要在新的历史条件下适当转化，唯有把传统文化中这些永恒的基本价值继承下来，才能构成当代社会的文化基石和精神营养。这套丛书定位在"优秀传统文化"上，显然是注意到了这个问题的重要性。在尊重作者写作风格、梳理和讲好"杭州故事"的同时，通过系列专家组、文艺评论组、综合评审组和编辑部、编委会多层面研读，和作者虚心交流，努力去粗取精，古为今用，这种对文化建设工作的敬畏和温情，值得推崇。

人民群众才是传统文化的真正主人。百年以来，中华传统文化受到过几次大的冲击。弘扬优秀传统文化，需要文化人士投身其中，但唯有让大众乐于接受传统文化，文化人士的所有努力才有最终价值。有人说我爱讲"段子"，其实我是在讲故事，希望用生动的语言争取听众。今天我们更重要的使命，是把历史文化前世今生的故事讲给大家听，告诉人们古代文化与现实生活的关系。这套丛书为了达到"轻阅读、易传播"的效果，一改以文史专家为主作为写作团队的习惯做法，邀请省内外作家担任主创团队，组织文史专家、文艺评论家协助把关建言，用历史故事带出传统文化，以细腻的对话和情节蕴含文化传统，辅以音视频等其他传播方式，不失为让传统文化走进千家万户的有益尝试。

中华文化是建立于不同区域文化特质基础之上的。作为中国的文化古都，杭州文化传统中有很多中华文化的典型特征，例如，中国人的自然观主张"天人合一"，相信"人与天地万物为一体"。在古代杭州老百姓的认知里，由于生活在自然天成的山水美景中，由于风调雨顺带来了富庶江南，勤于劳作又使杭州人得以"有闲"，人们较早对自然生态有了独特的敬畏和珍爱的态度。他们爱惜自然之力，善于农作物轮作，注意让生产资料休养生息；珍惜生态之力，精于探索自然天成的生活方式，在烹饪、茶饮、中医、养生等方面做到了天人相通；怜惜劳作之力，长于边劳动，边休闲娱乐和进行民俗、艺术创作，做到生产和生活的和谐统一。如果说"天人合一"是古代思想家们的哲学信仰，那么"亲近山水，讲求品赏"，应该是古代杭州人的生动实践，并成为影响后世的生活理念。

再如，中华文化的另一个特点是不远征、不排外，这体现了它的包容性。儒学对佛学的包容态度也说明了这一点，对来自远方的思想能够宽容接纳。在我们国家的东西南北甚至是偏远地区，老百姓的好客和包容也司空见惯，对异风异俗有一种欣赏的态度。杭州自古以来气候温润、山水秀美的自然条件，以及交通便利、商贾云集的经济优势，使其成为一个人口流动频繁的城市。历史上经历的"永嘉之乱，衣冠南渡"，"安史之乱，流民南移"，特别是"靖康之变，宋廷南迁"，这三次北方人口大迁移，使杭州人对外来文化的包容度较高。自古以来，吴越文化、南宋文化和北方移民文化的浸润，特别是唐宋以后各地商人、各大商帮在杭州的聚集和活动，给杭州商业文化的发展提供了丰富营养，使杭州人既留恋杭州的好山好水，又能用一种相对超脱的眼光，关注和包容家乡之外的社会万象。这种古都文化，也代表了中华文化的包容性特征。

城市文化保护与城市对外开放并不矛盾，反而相辅相成。古今中外的城市，凡是能够吸引人们关注的，都得益于与其他文化的碰撞和交流。现代城市要在对外交往的发展中，进行长期和持久的文化再造，并在再造中创造新的文化。杭州这套丛书，在尽数杭州各色传统文化经典时，有心安排了"古代杭州与国内城市的交往""古代杭州和国外城市的交往"两个选题，一个自古开放的城市形象，就在其中。

　　"杭州优秀传统文化丛书"团队在传统和现代的结合上，想了很多办法，做了很多努力。传统文化丛书要得到广大读者接受，不是件简单的事。我们已经走在现代化的路上，传统和现代的融合，不容易做好，需要扎扎实实地做，也需要非凡的创造力。因为，文化是城市功能的最高价值，也是城市功能的最终价值。从"功能城市"走向"文化城市"，就是这种质的飞跃的核心理念与终极目标。

2020 年 9 月

（单霁翔，中国文物学会会长）

湖山佳趣图（局部）

目　录

卷上

留存至今的杭州祠庙

卷下

湮没史海的杭州祠庙

卷上

留存至今的杭州祠庙

伍公庙：身死浮江怒不偃
祠庙永驻吴山巅

　　苏轼有词曰："蜀客到江南，长忆吴山好。"看了
苏公这两句词，纵使未曾亲临吴山，也能想象此地风光
之迷人。吴山位于杭州西湖东南，山势绵亘起伏，由延
绵的宝月、蛾眉、浅山、紫阳、七宝、云居等小山连缀
而成，一说其称谓来自于春秋时期，与"一世之雄"伍
子胥有莫大干系，所以吴山又称"胥山"。

　　吴山之上有庙名"伍公庙"，正是为了纪念伍子胥
而立。伍子胥被世人奉为潮神、涛神，他的一生极为传奇。

　　这座建于春秋时期的伍子胥纪念祠至今仍立于吴山
之巅，祠庙规模不算宏大，建制也颇为简易，但该祠庙
所承载的文化意义却是厚重雄伟的。

　　伍子胥，名员，字子胥，原是楚国人，后成为吴国
大夫，封于申，因而也叫申胥。子胥父亲是楚国太傅伍奢，
兄长伍尚，为人重德行，仁孝而慈爱。伍奢和楚国少傅
费无忌，同事楚平王。

　　楚平王有太子名建。有一天，平王命费无忌为太子
建到秦国选取妃子。费无忌为了讨好楚平王，将为太子

吴山伍公庙

选择的妃子献给了平王。原来是费无忌见秦女娇美，就给楚平王献策，说道："秦女绝美，大王宜自娶为妇，臣将为太子另择良妇。"

楚平王就听了费无忌的话，纳了秦女为妇，后来秦女生了一个儿子名叫轸，便是楚昭王。费无忌因为这事得罪了太子建，便总担心待平王薨逝，太子即位后会对自己不利，所以时常在平王跟前说太子的坏话。久而久之，楚平王疏远了太子。

太子当时被平王派到城父镇守边关，费无忌便和平王说太子意图拥兵谋反，平王召太傅伍奢考问此事。伍奢知道费无忌以谗言离间平王父子，便说道："大王奈何因谗贼小臣而疏远骨肉至亲呢？"费无忌知道后对平王说："大王如果现在不制止，他们的事就要成了，大王应当立即擒拿了太傅。"楚平王听信了费无忌的挑唆，扣住了伍奢。

费无忌又向平王进言："伍奢有两个儿子，都挺能耐的，如果不一起铲除，今后必为楚国之患。"平王便派人去召伍尚和伍员，告诉他们："如果你们来，你们的父亲就能活；如果不来，今日就杀了伍奢。"

伍尚接旨后意欲前往，伍员劝他道："楚王之所以召我兄弟二人，并非是想让父亲活命，而是为了除掉我们以绝后患，所以我们一旦到那，父子三人俱死。不如奔走他国，借力为父亲报仇，雪父亲之耻！"伍尚明白弟弟说的是对的，但他不忍心置父亲生死于不顾，就让弟弟逃走，他日再来为自己和父亲报仇雪恨，自己则慨然赴死。

果然，楚平王杀了伍奢、伍尚父子二人，伍子胥便对他的朋友申包胥说："我必亡楚国！"正如伍子胥所言，他后来帮吴国来伐楚国，攻入楚都，楚昭王出逃，伍子胥便掘开楚平王的坟墓，鞭尸三百下，以报父兄之仇。

关于此事，历来褒贬不一，苏轼就曾在文章中为子胥发声，说道："父不受诛，子复仇，礼也。生则斩首，死则鞭尸，发其至痛，无所择也。是以昔之君子皆哀而怒之……"这句话是说伍子胥掘坟鞭尸是至痛至怒之下的复仇之举，身为人子人弟，属于人之常情。

子胥复仇是吴王阖闾伐楚时候的事，阖闾很是倚重伍子胥，他在伍子胥和孙武的帮扶下西破强楚，北威齐晋，南服越人。阖闾死后，吴王夫差即位为王，任伯嚭为太宰。太宰嚭是勾践灭吴事件中的关键人物，因他受勾践重宝，就在吴王夫差身边屡屡为越国美言。夫差最终听信了太宰嚭之言，同意了越国的求和之请。

伍子胥不同意此举，就向夫差谏言道："越王勾践食不重味，衣不重采，吊死问疾，且欲有所用其众。此人不死，必为吴患。"但吴王不听。子胥便向他儿子说道："我数次谏言于大王，大王却不听，今日我已经能看到吴国的灭亡了。让你和吴国同亡，实在是没有必要。"他将儿子托付给了齐国的鲍牧，自己回到吴国，以报吴国昔年之恩。

太宰嚭与子胥不睦，因而进谗言于夫差，说道："子胥为人刚暴、少恩……他身为人臣，在吴国不能得意，对外又倚仗其他诸侯，自以为是先王之臣。如今不被重用，常鞅鞅怨望，愿大王早日图谋之。"

夫差说道："我也有这个顾虑！"随后使人带着属镂之剑去见伍子胥，并且传旨道："你用此剑赴死。"伍子胥仰天长叹道："哎！是谗臣嚭在作乱啊！大王反要诛杀我。我曾令你父亲称霸于天下；你未立之时，诸公子争位，也是我以死相争于先王，请求立你为储；你得位以后，要分吴国给我，我却不敢有此望，所以未受。然而今日你要听佞臣的谗言来杀害长者。"

他转而对门客说道："我死之后，一定要在我的坟墓上种上梓树，以后用它来制作器物；再剔出我的双眼，悬在吴国东门之上，我要看着越国灭吴！"说完以后，自刭而死。

夫差听说了伍子胥的遗言后，勃然大怒。命人取来子胥的尸身，用鸱夷裹住，扔到江中，让其一直浮在江上。鸱夷是用马革做成酒具形状的皮囊，这样做是为了让尸身永浮江上，不能沉底，不能入土。

夫差没有听从伍子胥的谏言以至于国破。勾践在打败夫差后，想要把吴王迁到甬东。吴王说："孤老矣，不能事君王也。吾悔不用子胥之言，自令陷此。"随后自刭而死。临终之前，夫差说道："使死者无知，则已矣。若其有知，吾何面目以见员也？"夫差对自己曾经的决定深感愧悔，说自己死后没有面目再见子胥。

伍子胥惨死，吴人深为怜悯，便在江上立祠纪念他，这是最早的子胥祠。吴人相传，伍子胥死后，他浮尸的江中时有遗响，江水发愤驰腾，气势有如奔马，威凌万物，仿佛之间，好像子胥的音容尚在，世人就说，这定是子胥成了水仙。

还有另外一种说法，是说有人看见子胥素车白马，乘潮而出，人便称子胥为潮神。这是关于伍子胥是潮神之说的由来。

唐垂拱四年（688），狄仁杰奏毁江南祀庙一千七百多所，独留存了四个古人的祠庙，其中一个便是伍子胥庙。只因伍子胥是至忠至孝之人，不同于一般民间追奉的神灵。明代思想家李贽评价伍子胥"绝孝纯忠，惊天震地，楚之烈也"。这也是两千多年以来伍子胥数次被敕封，又在民间香火不断的主要原因。另一个原因则是子胥作为百姓心中的潮神给了无数渡江者希望和力量。

唐宪宗元和十年（815），杭州刺史卢元辅感念子胥之忠，重修子胥庙。此时距吴越争霸已过了一千多年，但伍子胥的祠庙据卢元辅所说还是保持着初建时的原貌。这个原貌应该是指祠庙的规模形制，千年间祠宇肯定是经过修葺的，只不过没有大规模地扩建或改建。

此时，仲秋杭人弄潮的风俗业已大盛。每到钱塘潮奔涌之期，周边百姓都会聚集在江岸观潮，弄潮儿以旗鼓迎之，用箫笳和之，当时百姓认为钱塘潮是子胥在大耀灵威。唐昭宗景福二年（893），封伍子胥为广惠侯，时任镇海军节度使的钱镠奏请改其为惠应侯。不久又晋封其为吴安王，所以后世也称伍子胥为吴安王。

宋真宗大中祥符五年（1012），御赐庙额"忠清庙"，封英烈王。现存的伍公庙有殿名"忠清殿"，此名即是来自真宗的敕封。宋仁宗康定二年（1041），王安石过胥山忠清庙，慨叹吴国灭亡已逾一千五百余年，事之兴坏废革者不可胜数，独子胥庙不更其址、不绝香火，何其兴盛。皇祐二年（1050），杭使蒋绛举全州之力翻新伍公庙，王安石为新庙写了铭文，刻碑立于庙庭。

嘉祐七年（1062），杭州风雨不调，知州沈遘亲自祝祷于忠清庙，待到秋成时，果然谷物大熟。于是杭人

伍公庙忠清殿

以为这是伍公神灵所赐，便相约向沈知州请愿，修筑祠庙安置神灵。沈遘考虑到此举既能使百姓高兴，又能嘉奖民之不忘德、思报恩，所以听从了百姓的建议，重修祠宇。嘉祐八年（1063）六月，新的忠清庙落成，沈遘亲自主持祭祀，又请临川王安国（王安石的胞弟）作词记之，并将这篇记文也刻碑立在祠内。

现在的伍公庙有殿名"英卫殿"，"英卫公"是清雍正元年（1723）敕封的伍子胥之号，但其实"英卫"二字在南宋年间就有了。当时忠清庙内有阁名"英卫阁"，此阁名是宋理宗亲自挥洒宸翰所赐。

绍定四年（1231），忠清庙后庙被毁，宋理宗御赐缗钱重建庙宇。这个时候忠清庙的俗名已经是伍公庙了，这是最早的关于庙名是伍公庙的记载。

嘉熙三年（1239）六月，赵与懽就任临安知府，钱塘发洪水，冲毁沿岸七八十里宅舍。杭人在修筑堤坝的同时，祈灵于伍公之神，又向朝廷请旨重建伍公庙，得到批示后重建了英卫阁。此番重修后，栋梁岩峣，丹青辉焕，神像巍然居中，两旁站着侍卫，冠佩陆离。赵与懽作文《英卫阁记》述说此事。

除了这些复建时所作的文章之外，还有许多名家如苏轼、虞集、徐一夔等也作了关于子胥庙的祭文。其他纪念伍公庙的诗文更是车载斗量，不计其数。

历代对伍子胥的加封和祠庙的复兴都比较频繁，据记载，元成宗大德年间（1297—1307），改封伍子胥为顺祐忠孝威惠显圣王。

元朝时杭州的伍公庙也有过一次修整，确切地说是修葺了庙的外围。元世祖至元十九年（1282），钱塘大火，通往伍公庙的路径被烧毁，拜谒此庙的人需经其他小路才能到庙中。因为路径不便，日子一久，除了附近的久居者之外，很多人已不知道伍公庙供奉子胥之灵的事。

天历元年（1328），钱塘春潮击海，杭州宁境变成沧海，为洪流所淹没者占州郡半数。朝廷派遣使者，敬奉御香，备三牲，往伍公庙中进行祭祀祈福。当时的左录事司判官刘与执笾豆前往进香，指路的有行省左丞相答剌罕脱欢、檄使尚书李家奴。

此时距离钱塘大火已有四十多年，原来被烧毁的路径上已经建筑了很多民居，元人曹贲亨的《忠清庙复路记》中形容"民屋楹栋栉比"。

天历二年（1329）冬，山上拱北楼失火，大火蔓延焚烧后，原来的路径再次呈现，钱塘左判官刘淑决定复通此路。刘淑自己写了一篇《忠清庙复路碑阴记》，说了他通路的缘由："俾神之忠烈不表于当世，是谁之过欤？"

于是，刘判官"采郡志，按地界，质于省宪，而讼始服于是"，"作东门标，立庙额，叠石筑垣，再折而上"。此外，又建拱北亭一座于路左，为游人往来憩息之所。新路建成于天历三年（1330）三月，路面较先前有所拓宽。道路复通，邦人雀跃，求曹贲亨作文以记，文成后刻碑立于庙，碑阳记文是上述的曹贲亨文，碑阴是刘淑文。

三十多年后，元朝灭亡，朱元璋建立明朝，祠庙开始了新一轮的兴废修葺。明洪武四年（1371），奉旨封定神祇，称伍子胥为吴行人伍公之神，于每年九月二十日举行祭典。这与现在的伍公庙祭典日期相近。

正统十四年（1449），伍公庙再得重修，主持之人是浙江按察使陈璇。陈璇初到杭州，就去拜谒了伍公庙，他见庙宇"垣壁萧然，廊庑颓倒，殿宇楹柱楎桷皆朽腐，将不支矣"。如果庙貌不整饬，祭祀即有缺，陈璇认为这是攸关政治的大事。随后，陈璇命人修葺，两年而功成，大家便请陈璇本人为此次修葺撰写记文，名为《重修伍公庙碑记》，作于景泰二年（1451）季冬月初一。

历时百年后，伍公庙又变得颓败不堪，"风雨剥乎青红，蝼蚁蠹乎土木，岌然有倾倒之患"，常住道士颜仁辅将此情形告知知府严宽，严知府刚决定重修祠庙就被调离杭州，此事就搁置了下来。

嘉靖二十九年（1550），继任知府孙孟到来，他拜谒过伍公庙后，见庙宇倾圮，就发出慨叹，颜仁辅借机向新知府陈述了前番预备重修祠庙的事。孙知府便下令拨发公中银钱，鸠工庀材，杭城民众也称赞知府此举，所以多有前来帮忙的。

工程始于这一年的五月二十二日，完结于九月十八日，新祠"中宫、后室、前门、侧庑"的墙垣和两阶阶旁砌的斜石都用各色颜料涂抹了。一切庙制"靡不精凿"，焕然为之一新。新祠落成后请赵锦作记文。赵锦是浙江余姚人，进士出身，官至刑部、礼部、吏部三部尚书，记文撰于嘉靖三十年（1551）五月。文曰："夫浙，天下首省也；吴山，浙之首山也；伍氏之宫，盘压吴山第一峰之上，首庙也。"这是说浙江是全国第一省，吴山是浙江第一山，伍公庙则为山上第一庙。不单位置，从建立时间来看，伍公庙也算得上是杭州第一庙。

到了万历二年（1574）秋，浙江巡按御史萧廩拜谒伍公庙，痛惜祠庙的凋敝，便拨发杭州储备的三百多石积谷，发檄文命仁和主簿主持修葺。鸠工于万历三年（1575）六月，竣工于同年十一月。此番翻修后的祠庙"正殿两庑，炳然聿新"，道士徐仁熙、金南盛等请沈友儒作了记文。

明朝的重修历史大致如此，到了清代伍公庙再度受到了朝廷的重视。雍正三年（1725），敕封伍子胥为英卫公，且颁诏拨发帑银翻新祠庙。于是杭州知府魏定国、仁和知县胡作柄、钱塘知县杨梦琰三人敬承祠部牒檄，鸠工庀材，于八月十六日开工，十一月十七日完工，新修的祠堂彤碧绚耀，坊里人都来参观。

同年，浙江巡抚法海上疏请封伍员为浙江江海保障之神，修整庙宇，春秋致祭。下礼部议后，依其所请。乾隆十七年（1752），乾隆为伍公庙御题匾额"灵依素练"。

直到今天的两千五百年里，伍公庙屡毁屡建，最后一次被毁是在清咸丰年间。同治年间朝廷拨款重建，此次重建的伍公庙规模甚宏。

起初是当地士绅韩钦、卓炳森等请旨复建伍公庙，浙江巡抚杨昌濬应允，并委任县令吴康甫经理此事。因庙志遗失，吴县令特去求访钱塘丁丙，丁丙收藏有此庙旧志，吴县令"借钞重刻之"。

又从县令程步庭处借来《溧阳县志》，摘录伍公事迹及前贤的题咏，附刻在庙志后面，这样新的庙志才得完备。"钦加三品卫前署温处道浙江补用道"王景澄撰写了《重刻吴山伍公庙志记》。

近年当地政府也对伍公庙进行过重修，还增设了潮神殿。今日的伍公庙，是神马门、御香殿、寝殿三进完整的建筑布局。内立伍公庙重修碑记和伍公庙前言，御香殿两侧布置了四幅线刻古图。两侧厢房陈列着表现伍子胥生平故事的十二幅连环画。

甫进庙门，看见的先是"神马门"。此处所谓神马，应是指吴越时期里人说见到伍子胥素车白马越江而出，所以后人造了神马像。如今像已不存，名却留了下来。

正殿中央设神龛，上置伍子胥士大夫像，为香樟木圆雕彩绘，神龛前为樟木雕元宝座，两侧分立历代对伍子胥的六次封祀祭文；潮神殿中间立伍子胥潮神青铜像于石雕水浪样式基座上，背景为"素车白马"深浮雕石刻；两侧为十八路潮神仿古壁画。

伍公庙潮神殿

伍子胥生而忠烈孝义，死后飨祀千年，英魂不朽。子胥庙屹立于吴山之巅，两千多年来传承着伍子胥的精神，承载着百姓对伍员的崇拜。这座祠庙虽然华丽不足，但时间赋予它的价值更胜于楼阁之美。

参考文献

1.〔清〕嵇曾筠等监修，沈翼机等编纂：《雍正浙江通志》，文渊阁《四库全书》本。

2.〔清〕梁诗正：《西湖志纂》，文渊阁《四库全书》本。

3.〔清〕翟均廉：《海塘录》，文渊阁《四库全书》本。

4.宗力、刘群：《中国民间诸神》，河北人民出版社，1986年。

5.〔清〕金文淳纂修，沈永清增辑：《吴山伍公庙志》，光绪二年（1876）刻本。

龙王庙：疾恶如仇钱塘君
一怒九天变颜色

南梁大同年间（535—546），杭州宝石山下建了一座祠庙，名为"钱塘龙君祠"。

祠庙奉祀的是钱塘湖龙君，祈求的无非是风调雨顺、谷稼丰登。杭州作为临海城市，钱塘江横贯其间，水患不断，所以龙王祠香火得以延续千年，如今杭州萧山区即有龙王庙。

这座龙王庙在唐宋之交受到了一定的重视，吴越王钱镠曾为它请封，得号"广润龙王庙"，龙王庙奉祀的钱塘龙君在传说里代表的是勇敢和力量。

相传钱塘龙君是洞庭龙君的弟弟，掌管钱塘水域。曾因与尧帝不睦，掀起洪水九年不息；又因与天将有隙，运水淹了五座大山。天帝发怒，夺了钱塘龙君的职位，只因感念洞庭龙君有德于古今，所以对其弟钱塘龙君未加惩治，只是将他囚禁在洞庭水域。

当时洞庭龙君有一女，嫁给了泾川龙王次子，此子顽劣不堪，对洞庭君的女儿很轻慢。泾川龙王夫妇宠溺自己的儿子，不为儿媳妇做主，还怪她频频述说儿子的劣迹，一气之下发配她到泾阳放羊。

龙女娘家远在洞庭，无法告知父母自己的处境，后来便托柳毅传书，让洞庭龙君解救自己于困境。就在柳毅将书信交于洞庭龙君之后，不过片刻之间，大声忽发，天拆地裂，宫殿摇摆，云烟沸涌……

忽然，一条长千余尺的赤龙，目如电，舌如血，龙鳞长须赤如烈火，向泾河方向飞驰而去，颈间金锁扯着玉柱……瞬时千雷万霆并作，激绕龙身；霰雪雨雹齐下，万物轰鸣。这条龙便是钱塘龙君。

原来，锁在玉柱上的钱塘龙君听到了侄女在泾川受苦的情形，一怒而起，直奔泾河解救侄女。须臾间，风祥云庆，归于融洽。洞庭龙君与柳毅又不知宴饮了多久，只见有一人，身穿紫裳，手持青玉走来。

"这便是我那胞弟钱塘龙君。"洞庭龙君向柳毅介绍道。柳毅讶异之际，才知道钱塘龙君已经从泾川救回了龙女。钱塘龙君见了柳毅，行礼称谢："侄女不幸，被顽童所辱，全赖君信义昭彰，捎信告知，不然，恐怕要成为泾陵之土了。"说完又向兄长洞庭龙君禀告道："我辰时出发，巳时到达泾阳，午时对战于泾川父子，未时回到此处。"

"伤了多少生灵？"

"六十万。"

"伤了庄稼没有？"

"八百里。"

"无情郎如何了？"

"被我吞食了。"

……

洞庭龙君摇头叹道："顽童所做如此，诚不可忍，但你也太过草率了。从此以后，不要这样了。"钱塘龙君拜而称是。

这个传说将钱塘龙君的勇猛异常、疾恶如仇而又知错就改的形象诠释得十分生动。在封建社会中，像龙女这样在婆家受欺侮，却又无处申诉者比比皆是，所以钱塘龙君的九天一怒带给了百姓莫大的精神慰藉。面对不幸，人人都希望有能力冲出悲剧的旋涡，对恶势力能痛快地给予致命一击，这就是钱塘龙君的精神力量。

关于钱塘龙君的传说起于何时没有记载，但至少在唐代已经广为流传。钱塘龙君是龙，龙是中国特有的文化图腾，在上古神话中是通天的神兽，后来演变成传统文化里至高权威的代表。古代称皇帝为真龙天子，认为皇帝是真龙下凡。在今天，华人依旧自称是龙的传人，可见在中国文化里龙的地位很高，意义也很重大。

龙王之说在佛教和道教中都得到了广泛的宣传，这大力推动了对龙的崇拜，使得龙从神兽进化成了神，具有了行云布雨的能力。而皇帝下诏封龙为王是为了祈求风调雨顺，也是一种皇权的体现。

后梁贞明二年（916），钱镠以吴越王的名义向朝廷请旨赐封钱塘龙君为广润龙王，祠庙也由此迁往孤山。这并不是该庙第一次整修，唐咸通年间（860—874）刺史崔彦曾就翻修过龙王庙。咸通二年（861），潮水冲击钱塘江岸，水势翻涌，直逼城池，势不可当。当时的刺史是崔彦曾，他开三沙河引流，缓解水患。崔彦曾后任武宁军节度使，死于庞勋之乱。

钱塘潮灾过后，崔彦曾重修了宝石山下的"钱塘龙君祠"，以供养神灵的名义安抚受灾民众，祈求钱塘水域归于平静，护佑郡民。此后，便是在贞明二年（916），据守两浙多年的钱镠大兴土木，重建龙君祠于孤山。钱镠是第一任吴越王，临安人。他起于微末，建立吴越国，与子孙三代共治吴越七十余年，保得东南百年安宁，百姓不识兵革，因其功绩卓著，死后赐谥武肃。钱武肃王在请封钱塘龙君的奏疏中讲了原因：

"盖闻四灵表瑞，则龙神功济于生民；百谷熟成，则水旱事关于阴骘。而况浙阳重镇，自古吴都，襟带溪湖，接连江海，赋舆甚广，田亩至多，须资灌溉之功，用奏耕桑之业。……固有神龙居止，水府司存，降景佑于生灵，兴旱涝之风雨。原其自编祀典，积有岁年，虽陈奠酹之规，未施展敬之所。盖为古来藩侯牧守，不能建立殿堂。予统吴越山河，绾天下兵柄，前后累申祈祷，皆致感通，既荷阴功，合崇祠宇……"

先是说了水河渔业对杭州百姓的重大意义，"自古吴都""接连江海"，田亩都需要"灌溉之功"。然后提到江中有"神龙""水府"，为生灵降福祉、调风雨。这或许是他数次祈祷于庙，皆灵验有应的原因。

此时的龙君祠距离崔彦曾重修已经过了五十余年，虽然时有祭祀，但奠祀规模小，"未施展敬之所"，即没有适当的场所举行大典，这都是因为"古来藩侯牧守"没有建立殿堂。到了钱镠"统吴越山河"，便决定另行选址，再创土木之功了。

新祠的孤山之址是钱镠亲自选定的，之后他"创兴土木之功，建立栾栌之构"，起祠庙于湖畔山巅。大同间建的龙君祠规模形制已不可考，崔刺史重修的也无有碑记，但钱镠主建的这座祠，其庙貌之壮丽精严，恢宏威赫，据他本人所称是西湖周边百余里也难有可以企及的。

"至于殿庭廊庑，门楹阶墀，悉亲起规模，指挥擘画……然后慎选良工，塑装神像，威容赫奕，冠剑阴森，陈将僚侍卫之仪，列钟鼓豆笾之位。以至车舆仆马，帐幄盘筵，祭器爨厨，无不臻备。"

由文中也可知钱武肃王对该庙的重视程度，祠中的殿庭廊庑、门楹阶墀都是钱王"亲起规模，指挥擘画"的，然后"慎选良工，塑装神像"，一国之王亲自主持修建的祠庙，自然是壮丽华美的。

殿内神像威严，侍卫班列，车舆仆马，一应俱全……这样恢宏的祠庙，香火自然不需发愁，"声香荐献，不阙四时"。新祠配以西湖的镜水清流，烟波浩渺，引来了游人无数……

祠庙落成后，武肃王向后梁皇帝奏表，乞加懿号"广润龙王"。"广润"二字即是为了表明龙王的功绩，广施恩泽，润惠万民。上达天听后，后梁帝降徽章敕旨，敕如下："钱塘重地，会稽名邦，垂古今不朽之基，系生聚无疆之福，有兹旧迹，特创新规，岂曰神谋，实因心匠。盖水府受天之职，庇民之功，岁时罔阙于牲牢，祈祷必观于胖韰，得一方之义化，致两境之安康。钱镠普扇仁风，久施异政，至诚所切，遂致感通。其钱塘湖龙王庙宜赐号广润龙王，镜湖龙王庙宜赐号替禹龙王。"

旨意是说，皇帝批准钱镠所请，赐号钱塘湖龙王庙为广润龙王庙。封赐依据是龙王受天之职，庇佑百姓，岁时祭祀，祈祷有应，封王修庙能得两境安康。

钱镠之后，对龙王庙进行重建的人是周淙。周淙，字彦广，湖州长兴人，在担任临安知府期间，修撰《乾道临安志》。兴建之事，暂且按下，我们先了解一下该祠名称的演变。

先是"水仙庙"之称。据清人梁诗正考证，"水仙王"原本是称伍子胥的，在子胥庙一节笔者讲过这个称谓的来由，那水仙王是何时变成钱塘龙王的呢？按照梁诗正的说法，乾道五年（1169），周淙将龙王庙迁到苏堤后，时人便将"龙王祠"称作"水仙庙"，从此，便以龙王为水仙王，其实不然。

在苏轼文集中，有这样一句注语："西湖有水仙王庙。"后来学者多认为苏公所说的水仙王庙是龙王庙，而梁诗正认为此庙是子胥庙。其实子胥庙在吴山，不能说在西湖上，所以当是梁诗正理解有误。苏轼说的水仙王庙应该就是龙王庙，所以当地人以龙王为水仙王这种现象，应该在北宋就已经存在了。

梁诗正所说的周淙重修后龙王庙才称为水仙王庙也是有道理的，因为在周淙重建后，便亲自为庙题额"水仙王"。如此，这一称呼正式属于钱塘龙王了。据陶孚推测，周淙这一举动正是源自苏东坡的诗句"不然配食水仙王，一盏寒泉荐秋菊"。

淳祐八年（1248），安抚赵与嵩在庙前建了一座亭，亭前井匾题为"寒泉"，井名为"荐菊"，这两个名称也是来自上述的东坡诗句。赵与訔这一做法与周淙题额"水仙王"庙遥相呼应。

需要强调的是，不论是伍子胥，还是钱塘龙君，"水仙王"都是百姓自发的称谓，并没有经过官方封赐。真正得到官方封赐的名号其实是"渊灵溥济侯"，庙名"嘉泽庙"。"水仙王庙"和"嘉泽庙"这两个庙名都延续到了清朝，甚至伴随到祠庙湮灭。

再续前文，说说祠庙的兴废史。关于此庙的坍圮和复建，在宋朝比较频繁，这与南宋定都临安有关。前文提到苏轼诗集中有水仙王庙在西湖上的说法，宋人赵夔在为苏轼的文集作注的时候曾去西湖查找此庙，但没有觅到踪迹。赵夔生卒年不详，大致是南迁时人。又由袁韶记文可知在南渡初期，孤山古迹不废的只有林和靖墓。综上所述，这座祠庙在南渡时是已经塌毁到无迹可寻了。

周淙重修的嘉泽庙又有哪些不同呢？除了修祠还有什么作为呢？

古人修祠立庙后一般会有记文详述修建始末或庙宇历史，但周淙此次重修并没有留下相关诗文，所以现在可知的都是地方志中的简单记录。既然原来的祠庙踪迹难觅，此次重修自然要重新选址。

南梁大同年间庙在宝石山，钱镠建庙于孤山，此次徙庙周淙选在了苏堤。具体地址有记载说是苏堤第四桥，也有的说是第三桥、第三桥南、第三桥北。据笔者考证，应当是在苏堤第四桥下的崇真道院南，第四桥即压堤桥。

重建后的祠庙规模形制具无可考，但这次修建另有一个大的变动：周淙将三贤附祀在了水仙王庙。这三贤便是白居易、苏轼、林和靖三人。杭人历来所祀的文人官员中，必有这三位。一方面是由于他们对杭州的功绩作为，另一方面是由于他们本身的盛名为杭州增加了美誉。

虽然无明文记载，推测也可知龙王庙中殿必是龙王坐镇了，而东庑则是三贤堂，内塑有三贤像。这种主祀龙王、附祀三贤的局面一直到下一次重建时才有所改变。

南宋嘉定十三年（1220），袁韶任临安府尹，任期

苏堤压堤桥

长达十年。袁韶，字彦淳，宁波人，封越国公，今慈溪有越国公袁韶墓。袁韶掌印临安期间，多次去水仙王庙祈祷雨旸。庙内有坛壝，祭祀时在坛内斩牺牲，沥祭酒，以祈求龙神显灵，保佑杭州风调雨顺。

或许正是考虑到龙王庙应该是祈求风雨的场所，袁韶便将三贤堂移到了他处，迁移过后，他又陷入了新的思量：既然三贤祠已经另立，水仙王庙不修整一番就不太合适了。所以他又下令修整龙王庙。

宝庆元年（1225）冬，袁韶将祠旁的酒肆也创为祠庙，这次工程应该是扩建和翻新，地址并没有改变。第二年春，项目完工，袁韶亲自写记文，形容了新的庙貌："地据湖堤右，湖光拍堤，平挹千顷，仙峨冠佩玉，乘风载云，方羊（彷徉）于水月倒景之中……"

淳祐八年（1248），赵与訔也对祠庙进行了维护整修。赵与訔是赵匡胤十世孙，赵孟頫的父亲。宝祐三年（1255），临安知府马光祖再修。马光祖，浙江东阳人，封金华郡公，谥号庄敏。咸淳五年（1269），潜说友任临安知府，在任期内，他疏浚西湖，修葺名胜，编纂《咸淳临安志》，有功于杭甚矣。而他修葺的名胜中，也包括了苏堤的龙王庙。

这是宋朝最后一次翻新此庙，之后的重修要等到明朝。嘉靖二十三年（1544），郡守陈仕贤因为水仙王庙祷雨灵验，决定重构望湖亭祭祀龙王。望湖亭即后来的平湖秋月亭，在白沙堤孤山路口。这座亭子在万历十四年（1586）重建，是当时的太守主修的。

康熙三十八年（1699），康熙南巡诏旨发布，杭州府衙再建此亭。康熙到杭后御书"平湖秋月"匾额，又将水仙王庙迁到望湖亭后，由此，龙王庙从苏堤移到了白堤孤山口。不久庙再毁，改建马公祠，后又于雍正五年（1727）重修。雍正五年，李卫升任浙江总督，他对杭州古迹进行了大范围的重修，这次祠庙应也在重修之列。李卫此次将改为马公祠的原龙王庙改为莲池庵，祀嘉泽龙王，复水仙故迹。

龙王庙在中国境内是很多的，作为农业大国，古人靠天吃饭，风调雨顺是丰收的保障，是活命的基础，所以龙王信众极广。杭州的钱塘龙君祠，和普通的龙王庙稍有不同，他在调协风雨之外，还有一怒冲天的能量、主持公道的正义。

参考文献：

1.〔宋〕董嗣杲：《西湖百咏》，文渊阁《四库全书》本。

2.〔宋〕潜说友纂修：《咸淳临安志》，《宋元方志丛刊》本，中华书局1990年影印清道光十年（1830）钱塘汪氏振绮堂刻本。

3.〔清〕梁诗正：《西湖志纂》，文渊阁《四库全书》本。

4.〔清〕陈璂修、王棻纂，屈映光续修、陆懋勋续纂，齐耀珊重修、吴庆坻重纂：《杭州府志》，民国十一年（1922）铅印本。

城隍庙：冷面寒铁周日新
获封城隍佑子民

城隍作为神祇在尧时期就已经有了祭祀。古人制祀，或是因为被祀者施功于民，或是能御灾捍患。记载中很多城隍祭祀都是在战争中，这显示了城隍护邦卫国的能力。这和现代城隍的意义已然不同，现在的城隍作为管理地方的神灵，主掌赏善罚恶的职能。

城隍的祭祀起始时间虽早，但这个称谓是到北齐时才有，早期祭祀的是水庸。水庸是水沟的意思，应该是指护城河，而古代称城池没水的濠沟为"隍"，二者意义相通。

最早的城隍祭祀记录是北齐名将慕容俨所为。他镇守郢城时，城中有城隍祠，官方和民间有事都会向城隍神祈祷。在慕容俨和军民被围困在郢城时，他听从士卒的建议，率众向城隍祈请，希望得到庇佑、战胜敌军。战争的胜利都是将士用鲜血铸就的，祈求神灵更多的是安慰恐慌的民众，所以并没有真的神祇显灵保佑。

民间信仰是百姓对生活艰辛和未来难测的一种心灵指引，这种信仰通常通过故事传说的形式走进百姓的心里。在此摘取两则城隍故事，以供读者了解城隍神。

杭州风迹 HANG ZHOU

城隍阁

　　相传唐开元（713—741）中，滑州刺史韦秀庄来到城楼，忽然看见一人身长，穿紫衣，戴朱冠。来人参谒韦刺史，说自己是城隍之主。刺史问他为何来此，他躬身拜道："黄河之神要毁了我的城池，以正黄河的河路，我固然不能允许。"

　　刺史道："这是自然，只是不知有什么办法可以抵挡此举？"

　　城隍道："五天后我与黄河之神相约战于河滨，但我担心我力量不足，所以想请使君助我一臂之力。"

　　刺史道："神君请讲。"

　　"五天后请使君率领两千人持弓弩相助，我必能取胜。"

到了决战当天，韦刺史依约带领两千士卒登城，须臾间，河中忽然一片晦暗，有白气直上十余丈，楼上有青气出现，两气相互萦绕。按城隍所言，这白气当是黄河之神，青气便是城隍之主。

韦秀庄下令箭射白气，在箭雨之下，白气逐渐变小，最后消失不见。青气独存，逶迤如云峰，还入楼中。决战之前，黄河水已到城下，战后，退至五六里外。

这则传说将城隍保护城池的使命表达得十分明了。还有一则传说比较复杂，其中有凡人对神灵的怀疑，但最终还是选择相信神灵的公明正直。这或许是百姓在面对世事不公时，对自己祈求过的神灵心生的不满，但最终又无可奈何地说服自己继续相信。且看这是怎样的一则传说轶事：

康熙间，陇西城隍像塑着黑面，雕着长髯，相貌威严。但到了乾隆间，改塑成了美少年像。有人问庵僧原因，僧人说：雍正年间，有一位谢姓少年，年近二十，跟着他师父在庙里读书。夜间先生外出，少年便去院子里赏月吟诗，忽见一人来城隍庙祷告，他忙到神像后面藏身，正好听到来人祷告的话语。来人说："今夜我要是偷东西能有所得，一定准备三牲来敬献给您老人家。"说完便走了，谢姓少年才知道来人是贼。

但少年想到，城隍神乃是聪明正直的人，岂是能用几个牺牲打动的呢？就对此事不以为意。谁知第二天一早，昨日之贼竟然来还愿了。谢姓少年心中大不平，便写了文书责怪城隍。

这天夜里，城隍神托梦给谢姓少年的老师，说要降祸于这个少年。老师听了，吓得不轻，一边怒斥弟子，一边烧毁了弟子所写的责难文书。这下弄巧成拙，又把城隍给招来了。

"我说你弟子不敬神明，要降祸于他，原本是吓吓他的。你竟然把他的文稿焚化，被行路神上奏给了东岳帝，登时将我革职拿问，又将城隍之位传给了你的弟子。"城隍说罢唏嘘退去。不到三日，谢姓少年身故，庙里的人听到了呼喊声，说是新任城隍到任了。此后城隍的塑像就改黑髯之貌为美少年了。

在这个故事里，城隍受贿庇护贼人，是百姓对城隍主持公道的怀疑，改易为信奉"神灵应该公正廉明"的谢姓少年，又是百姓对神灵最终选择相信的表现。现实也是如此，我们寄希望于信仰，但最终还是要靠自己的双手改变生活。但信仰如果能带给我们安心和踏实，也是有价值的。

从这两则故事也可以看出城隍的权柄下移了，从守护城池之神变成了地方官。关于城隍祭祀或封赐的记录，五代和唐朝都有，但所描述的规模基本不大，其中也有关于杭州城隍的记载。

后唐末帝清泰元年（934）十一月，诏杭州城隍神改封顺义保宁王，此时的杭州城隍祠庙名叫永固庙，在凤凰山。吴越民俗畏惧鬼神，每个州县都设有城隍庙，祠庙深重，殿宇崇俊，侍卫甲仗严肃。李阳冰说唐时只有吴越有城隍祀典，其他地方都没有。这个说法是有误的，但也由此可见吴越祭祀城隍颇为隆重，以致广为人知。

绍兴九年（1139），城隍庙迁移到吴山，至今仍在此处。吴山自此也被称为城隍山，且城隍山的山名在杭城当地百姓口中，比吴山用得更多。绍兴三十年（1160），敕封城隍为保顺通惠侯。封赐诏书曰："钱塘为郡，尚矣。自版图归于我家，逾二百年，维城与隍必有神主之。况岁之丰凶，时之水旱，民之疾疫，求焉而必应者哉。不知郡历几将而无一牍之奏，以答神之休意者。聪明正直，交感于幽显之间，固自有时也。朕今驻跸于此，视之不异畿甸，重侯美号，用疏不次之封。其歆其承，永妥尔祀，可特封保顺通惠侯。"

由诏文可知，这是南宋高宗都临安后，认为城隍祭祀对于生民立命非常重要，所以特赐封号。

南宋咸淳年间（1265—1274），又加号辅正康济广德显圣王。而这时期城隍主要保佑的是年丰谷满、百姓平安，职能还是比较全面的。任重便位高，所以封了侯爵，被封为城隍的人是孙本。这是张岱的《城隍庙》一文所说，其他文献并无此记载。

到了明朝，杭州城隍成了周新。周新，广州府南海县人，原名周志新，字日新，明太祖时任大理寺评事，以善于断案著称。因其为人直言敢谏，所以被同僚忌惮，多有弹劾。权贵勋戚惧怕他，视之为"冷面寒铁"。京师中人吓唬小孩子的时候就说周日新来了，小孩子恐惧，瞬间奔跑四散。

明成祖时，周新升为浙江按察使，浙江受冤百姓听说后，欣喜地说："我能活了。"周新到浙江后，这些冤屈果然都被澄清。周新在杭州微服出巡时，得罪了县令，县令便想拷打惩治他。正在这时，县令听说新任按察使到来，只好把他关在大狱里。

这一进去，周新就从狱中犯人那里详细了解到县令作恶的诸多事端。查问之后，周新告诉狱吏："我便是新任按察使。"县令惊惧，赶紧向周新请罪，但周新最后还是将该县令弹劾罢免了。

周新神断冤狱，救了不少人，自己最后却含冤而死。锦衣卫指挥使纪纲当时比较受永乐帝的器重，他派了一位千户前往浙江查办案件。这个千户在浙江境内作威作福，肆意索贿，周新欲将此人依法拿办，却让他逃走了。不久，周新送文册进京，途经涿州时，遇到这个逃逸的千户。周新便将他逮捕，送入监牢。后来这个千户再次逃脱，并向纪纲求救。

纪纲恼怒，就向永乐帝进谗言，诬陷周新。永乐帝听信谗言，下令将周新抓捕起来。在被移送进京的路上，周新受尽纪纲同党的折磨，几乎体无完肤。进京后，周新跪在大殿玉阶前，大声抗辩道："陛下诏按察司行事，与都察院同。臣奉诏擒奸恶，奈何罪臣？"

周新认为自己既然身为按察使就有义务和权利为朝廷除去奸恶，他只是奉职而为，并无过错，却为何要定他的罪。但盛怒之下的永乐帝并没有听周新的抗辩，反而认为周新的表现是对自己无礼，所以下令处决周新。

临刑前，周新仍在大声疾呼"生为直臣，死当作直鬼"！

不久，永乐帝反思此事，深感后悔，就向左右侍从问询，得知周新是南海人，不禁发出了"岭外乃有此人，枉杀之矣"的感叹。后来那位诬陷周新的锦衣卫指挥纪纲因罪伏法，周新的沉冤才得以昭雪。周新的"冷面寒铁"与城隍的铁面无私如出一辙，所以周新后来被封城隍，也是符合百姓的期望的。

　　传说周新死后的某一天，永乐帝在寝殿看见一个身穿红衣的人立在殿内，便叱问来人是谁。对方回答说："臣是周新，天帝说臣刚直，让臣担任浙江城隍，为陛下惩治奸恶贪官。"说完就消失不见了。永乐帝遂封周新为浙江都城隍，立庙吴山。

　　自宋朝以来，城隍祠庙遍天下，或赐庙额，或颁封爵，或是指一人为城隍神，使得城隍的势头很盛。到了朱元璋建立明朝，他竭力利用民间信仰巩固自己的统治，自然不会忽略城隍的作用。他对礼臣说："城隍神历代所祀，宜封新爵。"于是大行封赏，除了六个王爵外，所有的府城城隍皆封公，州城城隍皆封侯，县城隍皆封伯。

　　洪武三年（1370），朱元璋整顿祀典，取消了诸神

吴山城隍庙

的爵称。城隍也都按其行政建制称某府某州某县城隍，同时他又下令仿照各级官府衙门的规模建制建造城隍庙。庙内供奉木像，撤去原有泥塑之像，并用塑像之泥涂抹墙壁，在壁上绘以云山。

据洪武皇帝所言，他封城隍神是为了"鉴察民之善恶而祸福之，俾幽冥举不得幸免"。事实上，他是为了在政治上和精神上对人民群众进行全面统治。他又命令各级官员赴任时，都要向城隍神宣誓就职，从而借助人们对当地城隍神的信仰来强化各级地方官的地位和政治权力。

成化十年（1474），吴山城隍庙寝殿起火，次年布政使宁良重建。宁良是正统十年（1445）进士，晚年任浙江布政使，在任期内振扬政纪，均赋节役，崇尚俭朴，力戒一切浮夸不实之风，他的这些举措皆为时人所称颂。城隍庙便是在他任期内重修的。

弘治十六年（1503）春，风雨不调，累及田谷。巡按御史夏景和率属吏、持瓣香，祷告于城隍，抬头时看见栋梁危倾、门栏圮坏，便说："这里的民主（地方官）怠惰不恭，何以邀福明神？"

于是夏景和出了经费，命杨孟瑛主理重建城隍庙，过了一个多月功成，杨孟瑛在完工后的城隍庙记里提到了此时的城隍庙况："积土为城，壁立而垣，缭居者屏倚。积水为隍，波回而川，汇居者堑依。冥漠之中，谁其尸之。缅想其神，受命上帝，专职保民。此固百姓所宗，有国者所秩祀也。矧天目凤舞，吴山马立，万松诸峰，如虎群踞。海潮西涌，长江东下。西湖千顷，天涵日沃……神之威则庙之崇，非侈也，宜也。"

由记文可知，此时的城隍庙并没有金碧辉煌，而是符合一府城隍的规模，所以说"非侈也"，只是"宜也"。虽如此说，但这座祠庙依然不失庄严，依山为壁，积水为隍，占尽天然优势，"万松诸峰，如虎群踞"，可见其气势凛然，"神之威""庙之崇"尽显无余。

万历三十五年（1607），庙再毁。邑人金学曾请于制府，刘一焜倡捐重建，实际是杭州知府姚之兰监督建造的，落成后张大猷作了记文。刘一焜，南昌人，曾以右佥都御史抚浙。姚之兰，出任杭州知府，后加按察司副使。而杭州人金学曾是福建巡抚，对福建有很大功绩。他请修吴山城隍庙于制府，制府即有司衙门，这才有了重修之事。这是金学曾不忘故里，关心家乡的表现，也正是因为他身居高位，所以请求迅速得到了同僚的响应。

康熙六年（1667），水师副将王虎再次重修城隍庙，并改易殿内木柱为石柱。

通常文献中记载的重修史不会是全部的重修记录。某些信徒自己出资翻新祠庙，以示信仰之虔诚，这种没有文字记录的重修是很多的，有记文的一般是府衙或官吏主持整修的情况。

康熙二十一年（1682），按察使孟卜重建牌坊并翻新右司斋厅。康熙三十六年（1697），翰林学士纳兰揆叙更新庙制。纳兰揆叙是纳兰明珠的儿子，纳兰性德的弟弟。

吴山下原有另一座城隍庙，时间久远，已然圮塌。乾隆八年（1743）府衙将吴山城隍庙右司斋厅改建，附祀仁和县、钱塘县两县城隍。今日的城隍庙仍矗立于吴山之上，所以吴山又俗称城隍山。

　　今天的城隍庙门匾下方，有《城隍巡城图》。进入大厅内，大厅南北两侧各有三幅彩色木刻浮雕画，两侧匾额分别是"秋肃春温"和"天威可畏"。"天威可畏"下方楹联是"善恶报施莫道竟无前世事，利名争竞须知总有下场时"。此匾下方的三幅画分别是：

　　左：执法如山，冷面寒铁

　　周新"冷面寒铁"的称号前文提过，城隍庙的"周新祠"门匾之后即书了这四个字。

　　中：救灾免税，惩治贪官

　　永乐十年（1412），浙西发大水，通政赵居任隐匿不报，周新得知后上报朝廷。重臣夏原吉为赵居任说情，永乐帝派人前往查实，果然如周新所言，便下令免除了浙江人民的徭役，赈济灾民。此图说的便是这件事。

　　右：生为直臣，死为直鬼

　　这幅图说的便是周新之死。在讲述周新事迹时已详述，此不赘述。

　　"秋肃春温"下方楹联是"天知地知神知鬼知，何谓无知；阴报阳报速报迟报，终须有报"。此匾之下的三幅画分别是：

　　左：梦见城隍，立庙吴山

　　周新死后，谗害他致死的纪纲也伏法了。永乐帝悔愧，说自己梦见了周新，上天封他为城隍了。永乐帝以此为由，封周新为浙江城隍，立庙吴山。

　　中：不畏权贵，治理西湖

　　右：微服私访，洞察民情

　　以上两项在前文也有讲述。城隍殿内供奉着三座像，中间一尊是周新，像总高五米。身边站立的分别是手执兵器和印鉴的文武官员，每个高三点八米。神像后面匾额"福庇南黎"。两侧楹联是：吴山俎豆；南海文冠。迄今，仍有不少人到城隍庙祈求姻缘顺遂、平安富贵。杭州城隍山上建有城隍阁、城隍庙（周新祠），成为杭州标志性景观之一。

参考文献：

1.〔宋〕潜说友纂修：《咸淳临安志》，《宋元方志丛刊》本，中华书局 1990 年影印清道光十年（1830）钱塘汪氏振绮堂刻本。

2.〔清〕嵇曾筠等监修，沈翼机等编纂：《雍正浙江通志》，文渊阁《四库全书》本。

3.〔清〕梁诗正：《西湖志纂》，文渊阁《四库全书》本。

4.宗力、刘群：《中国民间诸神》，河北人民出版社，1986 年。

三先生祠：两宋先贤惠严州
一祠并祀泽长久

三先生祠在建德古城，武定门外，祭祀的是北宋文正公范仲淹、南宋东莱先生吕祖谦、南轩先生张栻。这座祠起初只是祭祀范文正公一人，名为"思范祠"，始建年代无考。但建德至今仍有思范坊，《建德县志》记载思范坊也在武定门外，建于明朝嘉靖三十八年（1559），是当时严州知府韩叔阳所建。

范仲淹是北宋文坛大家，著名政治家，官拜参知政事，相当于宰相。他"先天下之忧而忧，后天下之乐而乐"的思想对后世影响巨大。皇祐四年（1052）范仲淹病逝，葬于河南洛阳，宋仁宗亲篆"褒贤之碑"，谥号"文正"，后世称其为范文正公。

范文正公曾在景祐元年（1034）出任睦州知州，睦州辖区包括了今天的杭州部分区县。范仲淹在睦州任职的时间仅有数月，但也有不少作为。他兴建了严子陵祠堂，并撰文《严先生祠堂记》，在文中评价严子陵"云山苍苍，江水泱泱，先生之风，山高水长"，如今的严子陵钓台仍有"山高水长"的牌坊。

除了建祠，范仲淹还在严州兴办学堂。彼时严州称为睦州，范仲淹到睦州时，睦州有两座孔庙。睦州府属孔庙原在府治东南隅，另一座孔庙是建德县儒学。范仲淹在视察孔庙时，发现睦州府孔庙破旧，师生上课和住宿都成问题，所以决定拨款重修扩建。先后重修了明伦堂、联辉堂，还兴建东西两侧的时习、近思、克己、笃志等四斋，以及两庑，使睦州府孔庙焕然一新。范仲淹离任后，建德人民为了纪念他，建了思范坊、思范祠、范公祠等。

到了景泰四年（1453），知府刘钢在祠庙内增祀了吕祖谦。吕祖谦是南宋理学家、文学家，他与朱熹、张

严子陵钓台

栻齐名，并称为"东南三贤"。张栻后来也增祀此祠中。吕祖谦出身东莱吕氏，人称"小东莱先生"，先祖为北宋宰相吕夷简。

吕祖谦登科后，以太学博士补严州学教授，当时张栻任严州太守。吕祖谦久闻张栻之名，所以一到任上，就迫不及待地写信给张栻，诉说自己的思慕之情。张栻对吕祖谦也是心仪日久，收到信后，立即约请吕祖谦见面。两人一见如故，此后结下了深厚的友谊。

在张栻的有力支持下，吕祖谦大力整顿严州书院，精心制定了一套学规。学规规定学生不能拉私人关系，即"毋得干谒、投献、请托"；师生之间要讲礼节，不忘旧谊，"旧所从师，岁时往来，道路相遇，无废旧礼"；同学之间不能彼此吹捧，严禁"相互品题"。尔后又增订了若干条例，例如坚决淘汰懒惰和学业荒疏者；加强封建道德情操修养；摈弃"不修士检，乡论不齿者"；开除"亲在别居""侵扰公私""游荡不检"者，并通报在籍之学生。

严州书院学规的制定，显示了吕祖谦作为教育家的才能。嘉靖三十八年（1559），提学副使范惟一增祀张栻到思范祠中，从此该祠成为三先生祠。

张栻，字敬夫，号南轩，是南宋名臣张浚之子，也是著名理学家、教育家，谥号"宣"，后人又称他为张宣公。增祀张栻的范惟一是范仲淹的十六世孙，他在重建祠后请了徐阶写记文，记文交代了重建始末。徐阶和范惟一均是华亭（今上海松江）人，有同乡之谊，徐阶是当时的重臣，在嘉靖后期官拜内阁首辅。记曰："文正公在明道中以司谏贬知严州，后乾道初宣公以直秘阁起知州事，而时成公实为郡博士。至今征文献者宗之，然独文正有祠，未有合宣公成公而祀焉者也。嘉靖己未，文正公闻孙学宪君行部至严，有事祠下。既属韩守叔阳除其颓漏，喟然曰：'我文正公非徒以相业称者也。'遂奉公主居中，左宣右成，略其位而题之曰'三先生祠'。来请予记。"

由上述引文可知，范惟一在嘉靖三十八年到严州考核政绩，见先祖祠庙颓漏，所以嘱咐郡守韩叔阳"除其颓漏"，翻新祠宇。新祠奉范文正公的像在大殿正中，宣公张栻居左，成公吕祖谦居右，又亲题"三先生祠"的匾额。徐阶在写文之前，命韩叔阳为范文正公另外刻石立牌，就是前文提到的"思范坊"。

明末，又在祠中袝祀了知府胡崇德。胡崇德是江西全州举人，于崇祯十五年（1642）十二月莅任严州，十七年（1644）升九江道副使。在严州为官期间，有惠政，故而享祭。

思范坊

到了清顺治四年（1647），知府钱广居重修。康熙五十五年（1716），知府王广益再修。乾隆十七年（1752），知府吴世进复修。嘉庆元年（1796），知府张愈聚重建，重建完成后张愈聚自写了一篇记文。据张愈聚所记，嘉庆朝时，三先生祠已经颓废，祠内多是茅草。记文中说道："榱桷几筵，俯仰靡托，岂远者举而近者独废欤？"

"远者举"是说的严子陵祠，在此前一年桐庐的子陵祠进行过重修，所以有此说。也是由于这个缘故，知府才起意重建三先生祠。至于如何建法？后文接着写道：

"余尝相度其地，拟于旧址之东与北展拓若干尺。视昔规模，更觉合形辅势。爰捐廉为倡，绅士之好德慕义乐输者，听其便。即以诹日鸠工，复还飞革。严先生祠美轮于东南，三先生祠美奂于西北。俎豆馨香，胖蠁布写，庶足以妥侑先灵，诚余所拭目。而几莅事者，邦之人亦同此意也夫。"

上文之意是：张愈聚知府在重建过程中，拓宽了庙址，向北向东各展延数尺。较之以往，新祠庙貌更为气派，堪配先贤。决议新建的时候，张知府率先捐出养廉银，以此倡导乡中绅士和好德慕义、乐于施舍的乡民捐金筹款。随后选择良辰吉日鸠工庀材，以期早日恢复其画栋飞甍。

记文末作者还将严先生祠与三先生祠作了并述，说严先生祠美轮于东南，三先生祠美奂于西北，二祠是睦州（即严州）祠宇中"最著者"。胖蠁，此处是馨香散发的意思。

祠庙再得丹楹刻桷，足以"妥侑先灵"，这既是张愈聚的愿想，也是邦人乐见其成的事情。范仲淹、吕祖谦、张栻都是留名史册的一代大家，三人又都对严州有惠政，改善了教育环境，这也是他们并祀的主要因素。可见当时对教育是极为重视的。

道光七年（1827），署府事刘荣玠迁三贤的木主像到学海阁。咸丰十一年（1861），学海阁毁坏。光绪二年（1876）知府宗源瀚再设木主于严先生祠的左楼。

教育是国之大计，是民族振兴、社会进步的重要基石，是功在当代、利在千秋的德政工程。当年有三位先贤改革教育制度，改善教育环境，为严州发展贡献力量。今有现代化教育改革，两者如出一辙。教育的现代化改革正是为了培养孩子的核心竞争力，为祖国的未来做保障。

参考文献：

1.〔清〕吴世荣修，邹伯森等纂：《严州府志》，光绪十六年（1890）刻本。

2.〔民国〕夏日璈、张良楷修，王韧纂：《建德县志》，金华朱集成堂民国八年（1919）铅印本。

3.汪建春：《范仲淹在严州》，《今日建德》2012年5月18日。

张夏祠：筑堤抵潮张司封
浙人不忘奉为神

张夏，字伯起，《海塘录》说他是雍丘人，《西河集》说是萧山坞里人，其他正史没有张夏籍贯的记载。后世多采用萧山这一说法。

景祐年间（1034—1038），张夏以司封郎中为两浙转运使，所以世人也叫他张司封，他的祠庙也叫张司封庙。此外还有昭贶庙、安济庙、张老相公庙、静安公庙等称呼，其中缘由我们将在后文讲到。

张夏被立祠祭祀是由于他的捍海之功，张夏庙在浙江一度达到难计其数的程度。相公庙上至诸暨，下至绍兴，乡乡都有，萧山更有"沿江十八庙，庙庙供张公"的说法。

浙人苦潮患由来已久，首任吴越王钱镠就曾修筑海塘，任职杭城的官吏后来也多有筑堤御潮的举措，但像张夏这样被百姓奉为神祇且信徒广众的却绝无仅有。难道张夏相较其他人功绩更著吗？

在方志的记载中，张夏筑堤事迹十分简单。当时杭州的江岸大都用柴薪和土筑就，潮水势猛，不过三年左右，江岸就会被冲毁。鉴于此，张夏用石堤防海潮，此堤自六和塔至东青门延袤十二里。杭人感恩他的举措，立祠堤上，俗称张司封庙。

据叶绍翁所言，景祐间，张夏官职是尚书兵部郎，所以有人称他张兵部，有的石碑称他为太常，有的祀典称他为工部员外郎，民间俗称则是张司封。南宋时，张司封已经被浙人神化。据临安人所传，张夏治潮三年，不得要领，气愤不已，便写了文牍，然后抱着此牍赴江中，向天帝诉问。随后天帝托梦，教他治水之法，张夏才以石堤替换薪土。

关于这个说法叶绍翁嗤之以鼻。他说，连用石头置换薪土巩固堤坝都不懂的话，他怎么配作神呢？万一张夏不信这个梦又当如何呢？可见这种传说之荒谬。民间信仰往往如是，如果是将人神化，便会附会很多他与神灵相通的传说。

除了百姓口口相传的离奇故事，清代毛奇龄在他的书中也记述了张夏的传奇故事。或许因为他的记述符合百姓神化张老相公的愿望，所以得到了很好的推广，迄今仍有很多人写到张老相公时，引用的都是毛氏的记述。

毛奇龄说张夏是吴越王时刑部尚书张亮之子，在吴越国纳土归宋后张亮也入宋为臣，由于这个缘故，张夏被授予工部侍郎的官职，故此人称郎官。又因他行六五，所以人称张六五相公，或张十一郎官。

在他任职浙江期间，萧山堤总是坏，张老相公派五位护堤使者，充捍江五指挥。后因护堤有功被封为护堤侯。张老相公在守护河槽的时候恰逢河水决堤，舟覆水中。漕运的兵丁绕着河岸寻找，却无果。第二天，有一头大龟背负着张老相公的尸体浮在沙滩上。人们就说张老相

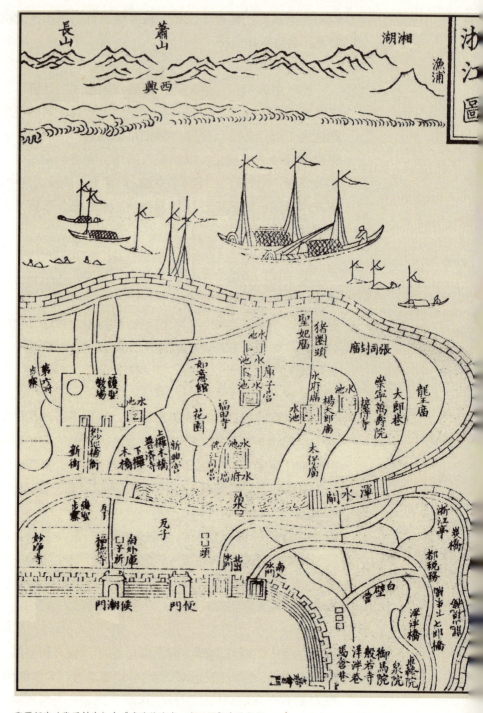

张夏祠庙（张司封庙）在《咸淳临安志·浙江图》中的位置

公已经成了神，然后把他的尸身葬到萧山的长山，萧山张老相公的诸多庙宇中便有长山庙。嘉靖《萧山县志》里记载了此庙名护堤侯庙，又叫长山庙、张老相公庙。

祠庙在长山闸，闸旁负着山壁为楹，面朝着大海滔滔。每到雨歇时，就能看见张老相公在几队神灯的伴随下沿着山路回到庙里。

景祐间，礼部请封英济王。因相公是侯王的缘故，当地人就称他为老相公，所以他的祠庙也称为老相公庙。每年的三月六日是张夏的生日，萧山各乡赛会总在三月间聚集若干人，然后杀牺牲、设酒醴、树神旗。大家让张老相公的神像坐在屋子船内，然后吹着号角，打着响鼓，一路到庙内。

此时神巫念着迎神还船歌，供奉上馔食，奏乐终日。等到神像入了城，满城灯火俱亮。那时候的百姓也比较殷富，每个乡都会设赛会田，届时乡民抢镰割田稻，挥刀割祭肉，以争胜负为事。后来赛会田都分给了民众出售，去处不可考。

据毛奇龄考证：当地父老相传，相公祠兴盛时期，相公神最灵验。关于此事，还有这么一则故事：

某次江塘首会家负责杀祭祀神猪，杀了猪后此人先将猪肝奉给自己的母亲，他的妻子在旁边也偷偷吃了一块。等到此人将神猪送到神庙时，神巫把他叫到跟前，私下跟他说："你用牺牲供奉母亲，还算是你的孝心，你妻子如何也去偷食呢？等我回去了将会诅咒你。"此人听了大惊，谢罪退去。

当时的相公庙极为兴盛，毛奇龄就相公祠的盛况写了骚体歌辞，其辞曰："撞天关，撖雷鼓。男旁招，女拂舞。冬赠堂，春弝拊。来无方，去无所。云为船，烟为马。白烟霏霏兮，碧水洋洋。鸥龟曳衔兮，以堤以防。刍龙初驾兮，茅旗毕张。西行弱水兮，东通扶桑……山之曲有神宅，神灯归来兮夜雨如漆……春秋缞祀长居此故乡兮，海水可竭神不可以忘兮。"

从这般盛况我们也可以了解到张老相公在萧山地区百姓心中的地位和享受的待遇，可见"沿江十八庙，庙庙有张公"并非虚言。

张夏逝世年月不详，但北宋庆历二年（1042），杭人已为张夏立庙，庙址即在他所修筑的堤坝上。杭州的这座祠庙是历代官方敕封的祠庙，可惜今已不存，但庙址和一千年以前保持着一样的域名——浑水闸。

记载说张夏修堤十二里，从六和塔至东青门。东青门这个名称已湮没，但浑水闸还在，且到六和塔的沿堤距离正好是十二里，可见《四朝闻见录》里的这段史料数据是准确的。

北宋嘉祐六年（1061），褒赐太常少卿。政和二年（1112）八月，封宁江侯，后改安济公，赐庙额昭贶庙。南宋绍兴十四年（1144），封号增加"灵感"二字。绍兴三十年（1160），增封"顺济"二字。到庆元四年（1198），封王爵，累封为灵济显佑威烈安顺王。淳祐八年（1248），重建祠庙，神像左右奉十位潮神。

明成化间（1465—1487），工部侍郎李颙来治理潮患，向张相公祭祀祈祷，果然得潮息江平，李侍郎由此在旧址上重建祠庙。清雍正三年（1725），敕封静安公，春秋致祭。在荐桥门外马婆巷，另有一座安济庙，俗名"祖庙"，奉祀的也是张老相公。时至今日，萧山依然在护堤侯行宫、张神殿、三神庙、镇海殿等地留下了张老相公的遗迹。

张夏到底是不是因公殉职的呢？

几部正史中都没有记载张夏是殉职或巡河时覆舟而死。而在记述了此事的文章中所讲的张夏故事尽是神怪之说，不可尽信。张夏是北宋时大臣，南宋叶绍翁介绍他时也未提及此事，侧面说明当时连张夏殉职的传说应该也是没有的。

而此说的来由，倒可能是南宋时候关于张夏的那则传说：相公治潮不得要领后，持书赴江求问于天帝。但这则传说里张夏并没有赴江而死，而是天帝后来托梦给他治潮之法。所以，张夏可能不是殉职。但不论张夏是否因公殉职，他有功于民的史实是不容磨灭的。虽然今日的我们鲜少求神问卦，但也可以祭拜造福于民的先贤志士，并且秉承其志。

萧山有名的张夏庙有两座，一座位于新街街道长山上，又称靖江大帝寝宫，现已经拆除重建。另一座为张夏行宫，位于衙前镇新林周村，又称三神庙。张夏行宫便是护堤侯行宫，史载庙址在县东北十里，长山之麓，始建于宋代，每岁春秋都有祀典。后来又迁庙到新林铺之北。现存大殿三间、二殿三间、厢房八间。在大殿北山墙上保存有清朝古壁画一幅，是杭州地区现存的珍贵文物古迹。

张夏在被封为"八字王"（灵济显佑威烈安顺）时，达到南宋一代民间神灵的最高级别。元朝时，张夏被杭州的士子、官员所忽视，杭州的张夏信仰开始衰弱了。

今人所熟知的"张老相公"信仰完全传承自明代，而该信仰的源头却是北宋时代产生于杭州的张夏信仰。到了清代，朝廷在浙江钱塘江北岸大规模修建石塘，同时还对江神、河神等神灵进行加封。张夏被清廷封为"静安公"后，其祭祀地固定在了萧山县长山。

我们再来说说坎山的张神殿村。村里有座张老相公庙，香火旺盛。嘉靖三十二年（1553）夏四月，倭寇侵入赭山、鳖子门、坎山（龛山）一带。坎山人民奋击倭寇，大获全胜，人们认为张夏的英灵有捍海灭倭之功，于是在江边修庙供奉，建起了张神殿，称张夏为张神菩萨，又尊他为张老相公。传说中，在江边居住的人，凡是出门做生意、出江捕鱼、种桑养蚕等，只要拜过张老相公者必定一帆风顺，因此张神殿的香火愈发旺盛。

说到萧山的张夏文化，不得不提的还有萧山区的非物质文化遗产——张夏祭。"秋祭"于每年农历八月十八日在张夏行宫举行。祭祀活动开始后，敲鼓鸣炮，香客们通过祭拜的形式纪念张夏，祈求风调雨顺，也是通过这种方式纪念张夏舍身治水，传承和弘扬"张夏精神"。这天人们会举行迎神赛会活动，并做足三天戏文，祈求安康。

参考文献：

1.〔宋〕叶绍翁：《四朝闻见录》，文渊阁《四库全书》本。

2.〔清〕毛奇龄：《西河集》，文渊阁《四库全书》本。

3.〔清〕嵇曾筠等监修，沈翼机等编纂：《雍正浙江通志》，文渊阁《四库全书》本。

4.〔清〕梁诗正：《西湖志纂》，文渊阁《四库全书》本。

5.〔清〕翟均廉：《海塘录》，文渊阁《四库全书》本。

6.〔清〕严辰纂修：《桐乡县志》，苏州陶漱艺斋光绪十三年（1887）刻本。

7.〔清〕陈璚修、王棻纂，屈映光续修、陆懋勋续纂，齐耀珊重修、吴庆坻重纂：《杭州府志》，民国十一年（1922）铅印本。

8.〔宋〕潜说友纂修：《咸淳临安志》，《宋元方志丛刊》本，中华书局1990年影印清道光十年（1830）钱塘汪氏振绮堂刻本。

钱王祠：钱氏一门群星熠
古祠千秋表功绩

　　杭州市西湖柳浪闻莺公园内，有祠名"钱王祠"，这座祠是五代吴越国国王的祠庙，内祀钱氏五王：武肃王钱镠、文穆王钱元瓘、忠献王钱弘佐、忠逊王钱弘倧、忠懿王钱弘俶。钱王祠始建于北宋熙宁十年（1077），是当时的资政殿大学士、右谏议大夫、杭州知州赵抃主张建造。

　　赵抃，字阅道，号知非子，北宋名臣，衢州人。宋神宗时期，曾任右谏议大夫、参知政事，以太子少保致仕。元丰七年（1084）逝世，谥号"清献"，追赠少师，后世称其赵清献。祠庙建成后苏轼写了碑记，文中陈说了建庙始末和钱氏之功。钱氏治理吴越国七十二年，于太平兴国三年（978）纳土归宋，距熙宁十年已有近百年时间。这段时期内，钱氏诸王坟庙皆荒芜凌乱，无人理治，这便是赵抃决意建祠的原因。

　　苏轼记文中是这样说的："故吴越国王钱氏坟庙，及其父、祖、妃、夫人、子孙之坟，在钱塘者二十有六，在临安者有一，皆芜废不治。父老过之，有流涕者。"此处所说临安的坟墓即钱王陵，包括钱镠墓、钱元瓘的王后马氏墓、钱镠父母钱宽和水邱氏之墓。

钱镠和秉承其志的子孙有恩德于吴越国子民，所以才会有"父老过之，有流涕者"的现象。钱氏功绩称道者很多，苏公在这篇碑记中也给了钱王高度的评价："故武肃王镠，始以乡兵破走黄巢，名闻江淮……天下大乱，豪杰蜂起。方是时，以数州之地盗名字者，不可胜数。既覆其族，延及于无辜之民，罔有子遗。而吴越地方千里，带甲十万，铸山煮海，象犀珠玉之富甲于天下，然终不失臣节，贡献相望于道。是以其民至于老死不识兵革，四时嬉游，歌舞之声相闻，至于今不废。其有德于斯民甚厚。"

苏文的意思是在天下大乱之际，豪杰蜂起，割据地方，意欲称王。这些人最终不仅覆灭自己的家族，也延及了无辜百姓。而吴越国地方千里，兵甲十万，珠玉之富更是甲于天下，在这样的情形下，吴越王比其他诸侯更具备称帝的条件，然而吴越钱王"终不失臣节，贡献相望于道"，所以吴越之民，至死不识兵革，杭州四时的嬉游歌鼓之声不绝。除了于民之功，苏文中还强调了"其有功于朝廷甚大"。他的观点如下："皇宋受命，四方僭乱，以次削平。而蜀、江南负其险远。兵至城下，力屈势穷，然后束手。而河东刘氏，百战守死以抗，王师积骸为城，酾血为池，竭天下之力仅乃克之。独吴越不待告命，封府库、籍郡县，请吏于朝，视去其国如去传舍。"

钱镠临终前，嘱咐他的子孙，要始终尊中原为正统。即便吴越国富庶兵强，也没有动干戈、伤民生，且在赵宋统一中国之际，主动献出国土，称臣于中原，促进了国家的大一统。鉴古知今，并不能因为一地的经济发展较好就起妄念，行悖逆之举。这也是观名"表忠"二字的由来。

鉴于以上考量，赵抃于熙宁十年（1077）十月向朝

051

廷建言，请立祠庙，"所以劝奖忠臣，慰答民心之义"。庙址是龙山废弃的佛祠"妙因院"，守庙人是钱氏后人，一位名叫自然的道士。凡在钱塘的坟庙，皆由自然管理，而临安的钱王祠则交付给净土寺的僧人道微。朝廷批复"可"，并赐观名"表忠观"。

赵抃待祠观落成后，嘱托苏轼写碑记。苏赵二人之间，渊源颇深。赵抃是苏轼之父苏洵的恩人，他曾举荐苏洵任试校书郎。苏轼兄弟二人青少年时就在成都拜见过赵公，深受其赏识。赵抃离世后，苏轼亦为他写了墓志铭，对他评价很高。

由现存碑文可知，当时苏轼官职为"朝奉郎尚书、祠部员外郎、直史馆、权知徐州军州事、骑都尉"，其中"祠部"所掌事中即有祠庙。但北宋前期"祠部员外郎"是寄禄官，无实职。到元丰年间（1078—1085）才转成职事官，此文写于元丰元年（1078），不能确定苏轼写作此文是否与此职位有关。

综上所述，苏轼的《表忠观碑记》可能是出于和赵抃私交而作，也可能是出于职位所需而写，也可能二者兼而有之。

苏轼在碑记后，附有一篇碑铭，铭曰："天目之山，苕水出焉。龙飞凤舞，萃于临安。笃生异人，绝类离群。奋挺大呼，从者如云。仰天誓江，月星晦蒙。强弩射潮，江海为东。杀宏诛昌，奄有吴越。金券玉册，虎符龙节。大城其居，包络山川。左江右湖，控引岛蛮。岁时归休，以燕父老。晔如神人，玉带球马。四十一年，寅畏小心。厥篚相望，大贝南金。五朝昏乱，罔堪托国。三王相承，以待有德。既获所归，弗谋弗咨。先王之志，我维行之。天胙忠孝，世有爵邑。允文允武，子孙千亿。帝谓守臣，治其祠坟。毋俾樵牧，愧其后昆。龙山之阳，岿焉新宫。匪私于钱，唯以劝忠。非忠无君，非孝无亲。凡百有位，视此刻文。"

表忠观在初建时，便设定了管理方式，具体规定如下："各度其徒一人，使世掌之。籍其地之所入，以时修其祠宇，封殖其草木。有不治者，县令丞察之，甚者易其人。庶几永终不坠，以称朝廷待钱氏之意。"

表忠观碑

意思是在自然和道微二人寂灭后，各由其徒弟接管祠庙土地等。将土地收入用于维护祠宇、种植草木。管治不力的，可由县令发落，实在不堪者，可换人值守，如此可以保障祠庙百年不衰。或许正是因为良好的监管手段，这座祠在整个宋代都保存得比较好，到了元朝才损毁。翻查史籍，整个元代都没有翻修此庙的记载，直至明嘉靖年间（1522—1566）。

嘉靖三十九年（1560），距离宋灭元立已近三百年，表忠观倾圮，屋宇不存。浙江总督胡宗宪、巡抚御史周斯盛、布政使胡尧臣、按察使胡松、提学使范惟一等人改建表忠观于灵芝寺，陈柯写《改建钱王祠碑记》，记文如下："予少读苏子瞻表忠碑记，慨然念钱王于吴越之民，其德厚矣……予缪守兹土，督抚梅林胡公等改祠于灵芝寺。寺盖王故苑也，幸襄厥成。予又病东坡手碑残剥也，为易石摹刻之，以置诸新祠，使谒王祠者，读兹文以思王德，庶几斯祠斯文相与传千百世于无穷也！"

我们先了解一下主张修建的这些大臣。胡宗宪，字汝钦，号梅林，明代名臣，曾在东南沿海抗击倭寇，功绩显著。嘉靖四十四年（1565）冤死在狱中，后昭雪，追谥襄懋。周斯盛，甘肃庆阳人，嘉靖三十二年（1553）进士。胡尧臣，官拜副都御使，至河南巡抚。胡松，官至吏部尚书。范惟一为范仲淹十六世孙。

记文中提到改建新祠于灵芝寺，此寺前身是钱武肃王的林苑，因为苑内产出了灵芝，钱王便舍其为寺。钱氏镇守吴越期间，对佛教的发展起了极大的推动作用，建立的寺塔不计其数，此为其一。

灵芝寺在元末时毁坏，明永乐初再造。明史学家张岱说万历二十二年（1594）亦重修，他幼年时曾至其中看牡丹。他在《钱王祠》一文中又说嘉靖三十九年（1560），灵芝寺改建为钱王祠。这两种说法自相矛盾。

据此，笔者揣测，曾是钱王故苑的灵芝寺，确实是在嘉靖三十九年改建为了钱王祠，张岱幼年应该是去祠内看花的。文中没有说明万历二十二年（1594）重修的是寺还是祠，彼时张岱年幼，寺和祠又都是庙宇，记述不清也是可能的。

新祠完工之际，陈柯见苏轼的《表忠观碑》残破剥落，心中不适，便重新找石碑临摹了苏碑，放置到了新祠内，让前来拜谒的人能够读到此文，然后感念钱王之德。陈柯所刻的碑是四石两面刻，每面七行。流传全今仅存三块碑石，字迹清晰，弥足珍贵。

此外，新祠又塑了三世五王像，将文穆王、忠献王、忠逊王、忠懿王附祀其中。完工后钱镠十九世孙钱德洪从余杭来到杭州守祠。钱德洪是明代思想家，王阳明的学生，心学重要代表人物之一，他身故后祔祀在阳明先生的祠堂里。此时钱王祠的建筑布局如右：西湖畔有桥，过桥即是祠门，进门便是陈刻版东坡"表忠观碑"，正殿奉着五王像，祠中有王阳明所书"顺天者存"匾额，匾后是庆系堂。此祠明末时逐渐倾圮。

康熙四十四年（1705），康熙南巡至此，御笔书赐"保障江山"四字额，摹勒刻石置于祠内。雍正三年（1725），雍正帝敕封钱镠为"诚应武肃王"。雍正五年（1727），浙江总督李卫重建钱王祠，委任经历张彦珩监修。

李卫，清代名臣，历任浙江总督、兵部尚书、直隶总督等职，为官清廉，不畏权贵，谥号"敏达"。他对浙江的文物古迹保存、修葺皆有积极作为，功不可没。

工程告竣后李卫亲撰碑记，记中陈述了兴建始末，重建缘由与宋明两次修建如出一辙，此不赘述。只就修葺后的祠宇概况摘录于此："……始于丁未十一月，迄戊申八月竣事。观傍西湖，由湖而上则有阶，历阶而进则有坊，有亭以奉御碑，有桥以驾碧沼。有门二重，有殿有楼，殿供王像，楼供王得姓之祖，商贤大夫，循旧制也。前后有墙，东西有廊，其间鱼鳞凤集，藻井绮疏，无不照灼。而选材坚固，则又足以为久远之计。从此宰兹土者，加意保护，俾尔军民勿轻亵越，则是祠庙貌，其与钱王之德而俱永欤。"

据上文，工程始于雍正五年（1727）十一月，竣工于雍正六年（1728）八月。祠在西湖边，祠外有坊、有亭，亭内奉着康熙御题石碑。祠内有殿有楼，殿内供着钱王像，楼上供着彭祖。相传，彭祖是钱氏的先祖，所以被供奉在祠内。李卫形容新祠"鱼鳞凤集，藻井绮疏，无不照灼"，如此宏丽，堪配钱王之德。

自从北宋初钱氏归宋后，钱王数次受到朝廷敕封，称重其德行。钱氏让吴越百姓免于战乱，这份功德值得极力赞扬。所以修迄后立坊祠前，名为"功德坊"。反战是世界永恒的主题，和平在任何年代都具有重大的意义。

乾隆十六年（1751）三月，乾隆帝驻跸西湖。这月初四，皇帝钦命大臣致祭，又命钱王第二十五代裔孙、刑部左侍郎钱陈群陪祭。初六，皇帝临幸钱王祠，赐匾额"忠顺遗庥"[①]。

乾隆五十九年（1794），钱武肃王后裔钱泳因为庙宇少颓，呈请有司修葺。于是巡抚吉庆、布政使张朝缙、盐运使阿公林保各出俸钱，命杭州知府李亨特主持翻修。

①今钱王祠内碑刻是"忠顺贻庥"四字，本文所参考的《西湖志纂》记述为"忠顺遗庥"。该书是乾隆近臣梁诗正、沈德潜等撰写的，不应有误。新建祠内的碑刻是参考何文，笔者无从得知，所以本文难以确定乾隆御题的到底是哪四个字。"贻"与"遗"此处皆是遗留的意思。

此次修葺增建了碑亭，左右各六间；增画廊三十六间；正殿基培高了三尺；易土垣为石墙；重肖了五王塑像；共计花费白银三千四百多两。又增给银两六百两，置于盐运司府库。由此六百两衍生出的银两并这六百两本银，拟作为每年的维修资费。工程完工于乾隆六十年（1795）。

道光四年（1824），钱武肃王二十八世孙钱杕也因祠宇颓败，请府衙重葺。这次与前一次相近，是浙江府官合力鸠工庀材修建的。署理浙江巡抚黄鸣杰捐出俸银一千两，巡抚程含章筹款两千两，再有盐运使李文耕、布政使富呢杨阿、钱塘知县汪仲洋、词人王锡等，众人协力促成此事。其中王锡是钱氏外甥，也算钱王后裔了。工程兴起于道光七年（1827）二月二十八日，竣工于道光八年（1828）八月二十四日。钱杕为此次修葺写了碑记。

到了晚清，中国陷入战乱，祠庙逐渐废置。

进入 21 世纪后，杭州市政府为挖掘杭州的历史文化内涵，恢复历史文化景观，在钱王祠旧址重建了这座古祠。重建后的钱王祠恢复了吴越国钱氏三世五王塑像、功德坊等相应景观，占地 11300 平方米，建筑面积 4600 平方米。

祠内陈列钱氏相关的史迹，并以声、光、电等高科技手法再现"钱王修筑海塘"等历史场景，古韵浓郁，情趣盎然。此外，古祠内还建造了古戏台，演出《钱镠记》和一些昆曲、京剧、越剧等，让游客欣赏。重建的钱王祠与柳浪闻莺公园融为一体，已成为集游览、观赏、文化展示、历史研究为一体的园林新景点。

钱王祠不仅丰富了西湖南线景区的历史遗存，而且对于推动杭州文化重建起着积极的作用。进入钱王祠，

功德坊

沿着青石板甬道前行，穿过五座牌坊，眼前赫然竖立着一座钱王塑像。他身披盔甲，气宇轩昂，一身正气。钱王塑像不远处是正对山门的两个荷塘，水波粼粼，绿意盎然。荷塘后面便是"功德坊"。

钱王祠内，有中国最大的台基面积的铜殿——献殿。献殿是由中国工艺美术大师、著名熔铜艺术家朱炳仁设计重建的。铜献殿为单层三重檐式，主体方殿为宋式风格，上设阿育王塔式宝顶。整殿用铜三十六吨，色泽为古黄铜色，金属质感强，结构造型颇具特色，古朴又不失典雅。该铜献殿本体建筑体量不大，通高八点四米，长宽各为四米。其铜制须弥台基长宽各为十米，计一百平方米，是目前中国台基面积最大的铜殿，为世人所瞩目，尤其是台基上九山八海的铜雕使其成为新的瑰宝。

在它的左右两边分别有两个碑亭，右边碑文是乾隆帝为该观题写的"忠顺贻庥"四个大字，左边是重建碑记。

献殿两侧还有功臣堂，左侧表武功，右侧表文治。堂内的碑文虽已模糊不清，但从那斑驳的碑迹中也依然可以感到历史上这位吴越国王的雄才大略及造福百姓的贤明之举。

功臣堂内以壁画的形式，用线描石刻的手法，展现了西陵大战、擒董昌、大战狼山江、疏浚西湖、筑捍海塘、纳土归宋、陌上花开、兴筑罗城这八个钱氏经历过的重大历史事件，反映了钱氏三世五王的文治武功……

第一任吴越王钱镠是临安人，小字婆留。钱镠父亲钱宽，母亲水邱氏，俱是平民。乾符二年（875）夏四月，钱镠虚岁二十四岁，浙西镇遏使王郢起义，唐僖宗敕令本地道府镇压他。当时正是董昌戍守石镜镇，便在乡里募兵。他招募钱镠为副手，从此钱镠开始了他的军旅生涯。加入军队后，钱镠骁勇绝伦，董昌很是看重他。之后数年他一直跟着董昌，屡立战功，数次升职。到景福二年（893），钱镠已担任镇海军节度使、浙江西道观察处置使、润州刺史等职。

乾宁二年（895），威胜军节度使董昌称帝，建元顺天，国号大越罗平。这时候钱镠已进封开国公，食邑一千户。董昌写信给钱镠，想让他跟随自己拥据东南，与中原抗衡。但钱镠拒绝了，他劝说董昌道："大王已经拥有数州，位兼将相，既富且贵。一旦颠倒兵柄，对准朝廷，改易臣节。祸事不出一时三刻就得降临。今天我率领军队到了城下，只盼着大王能够改过。如果执意不听，一旦天子盛怒，水军精锐渡江而来，攻下大王城池，就不止大王危如累卵了，到时候乡党生灵无一能幸免。祸福之道，只能大王自己作出选择。"

由钱镠的劝谏之语便能看出他的明智，正因如此，

忠顺贻庥

钱氏才得以光耀百世、遗泽万年。董昌起初听了钱镠的
规劝，但不久反水，兵指朝廷，钱镠奉命讨伐他。攻打
董昌，钱镠没有亲自出战，只是派了部将顾全武领军。

　　乾宁三年（896），董昌遣军戍守香严、石侯等地，
并向淮南节度使杨行密求救。顾全武率部进攻石侯。当时，
杨行密命宣州田頵、润州安仁义攻打杭州各镇戍。董昌
亦遣军配合淮南军，围攻嘉兴。安仁义兵出湖州，打算
渡过钱塘江支援董昌。当时，顾全武已率部北上援救嘉兴，
连破乌墩、光福二寨，闻讯连忙回师，屯兵西陵。安仁
义因此未敢渡江。不久，顾全武自西陵出击，收降董昌
部将徐珣、李元宾等，直趋石城。他与守将汤臼战于城东，
汤臼战败，顾全武乘胜夺取石城。另外，明州刺史助钱
镠攻余姚，余姚降。

　　该年夏，顾全武进围越州城，就在很快要结束战斗
的时候，淮南军阀杨行密攻入浙西，取苏州，救董昌。
顾全武对钱镠说，这是杨行密的围魏救赵之计，还是应
该先拿下越州，免得后顾之忧，再救苏州不迟，钱镠称善。

于是顾全武分兵七路攻打越州各城门，罗城破，董昌逃入内城。钱镠在杭州闻报，派人送信给董昌，说只要投降，可以不杀，送归老家临安为民。董昌无可挣扎，只有请降。

以上便是西陵之战和擒董昌之事，董昌死后，钱镠基本控制了两浙，形成了割据势力。大战狼山江是其子钱元瓘的功绩。

钱元瓘，钱镠第七子，原名传瓘，即吴越王位后改名元瓘，其兄弟在世者皆随他改"传"字为"元"字。后梁贞明四年（918）夏，钱镠讨伐吴国，任命元瓘为水战各军都指挥使。战船抵达东洲时，吴人以水军迎战。钱元瓘在筏子上顺风点火扬起灰烟以做掩护，一时间白昼如雾，吴军迷失了方向。吴军战败，元瓘生擒吴国军使彭彦章以及军校七十多人，获得战船四百艘。吴人知道不能与之钱镠对抗，便同钱镠讲和。钱镠因钱元瓘的战功上奏朝廷封他为镇海军节度副使、检校司徒。

后梁开平四年（910）八月，钱镠开始修筑捍海石塘。他命兵卒民夫以大竹破之为笼，长数十丈，笼中填充巨大的石头。又取数丈长的名木，栽植了十多行，横在外沿，距离江岸二十尺，称为"滉柱"，用以减弱水势。再在内圈选定地基，以铁索贯穿石幢，用石楗填堵而塘成。吴越宝正二年（927），钱镠设撩湖军，开浚钱塘湖，得其游览、灌溉两利，又引湖水为涌金池，与运河相通。钱镠还在太湖地区设撩湖军千人，专门负责浚湖、筑堤、疏浚河浦。

钱镠起于微末，开国立庙，是一时豪杰。他在英雄气概之外，还有儿女情长为人所乐道。武肃王嫡妻庄穆夫人吴氏，与钱镠鹣鲽情深，为钱镠生子十三人。后梁贞明五年（919）冬十一月薨，享年六十二岁，谥曰庄穆。

据苏东坡记载，他游览九仙山时，听见里人有儿歌唱庄穆夫人事迹。据说庄穆夫人每年春天必要回临安，钱王思念妻子，便差人送信给她，信中言道："陌上花开，可缓缓归矣。"吴人便以钱王这句话为歌，歌词思含宛转，听之凄然。东坡认为原歌词颇鄙野，便改成陌上花三首，此处摘录一首，供读者赏析。

陌上花（其一）

陌上花开蝴蝶飞，江山犹是昔人非。

遗民几度垂垂老，游女长歌缓缓归。

钱武肃王离世后，钱元瓘继任为吴越王，即是文穆王。元瓘之后是他的第六子钱弘佐继任，是为忠献王。弘佐之后是他的弟弟钱弘倧继位，是为忠逊王。之后就是最后一任吴越王，忠懿王钱弘俶。钱弘佐、钱弘倧、钱弘俶三人是兄弟，后因避讳都去掉了弘字。避的是宋太祖之父赵弘殷的讳。吴越国王虽是五位国王，却只是三代，献出国土的忠懿王是开国的武肃王之孙。

复建的钱王祠中最恢宏、最有气势的当数正殿——五王殿。殿内陈列三世五王塑像。步入殿堂，位于正中的钱镠像高约五米，在他周围是钱元瓘、钱弘佐、钱弘琮、钱弘俶的塑像，栩栩如生。穿过大殿，揽远堂、怀镇堂一左一右，遥遥相对。堂内墙上画有青龙、白虎、朱雀、玄武。

开宝八年（975），宋太祖赵匡胤消灭了割据政权南唐，南方诸国之中仅剩吴越。永明寺高僧延寿此时沉病在身，吴越王钱弘俶前往探病。延寿是高僧德韶的法嗣，曾为钱弘俶建造六和塔，钱弘俶为永明建了永明禅院，两人交情甚笃。对宋灭南唐危及吴越的走向，钱弘俶便征询了延寿的意见。延寿劝谕钱弘俶"重民轻土，舍别归总"。

　　钱弘俶审时度势，遵循祖宗武肃王钱镠的遗训，以天下苍生安危为念，采纳了延寿临终遗言，决定纳土归宋，将所部十三州、一军、八十六县、五十五万六百八十户、十一万五千一十六兵，悉数献给宋朝，成就了一段顾全大局的历史佳话。

　　钱氏王国虽已湮没，但钱氏一族的血脉并没有就此终结，并且在后世结出了璀璨的明珠。

　　钱镠后人中的杰出人才令人叹为观止，本文提到过的钱德洪即是其中一位。再有宋末元初著名画家钱选、明末清初著名文人钱谦益、乾嘉学派大师钱大昕……

　　到了近现代，更有著名科学家钱学森、钱伟长，国学大师钱穆、钱锺书，国务院原副总理钱其琛，"两弹一星"

钱王祠五王殿

元勋钱三强，新文化运动倡导者钱玄同，原水利部部长钱正英等，其星光熠熠，几不胜数。钱氏一族在各个领域为中国做出的杰出贡献，实在令人钦佩！

参考文献：

1.〔宋〕薛居正：《旧五代史》，文渊阁《四库全书》本。

2.〔宋〕苏轼：《东坡诗集注》，文渊阁《四库全书》本。

3.〔明〕张岱撰，马兴荣点校：《陶庵梦忆　西湖梦寻》，上海古籍出版社，1982年。

4.〔清〕嵇曾筠等监修，沈翼机等编纂：《雍正浙江通志》，文渊阁《四库全书》本。

5.〔清〕梁诗正：《西湖志纂》，文渊阁《四库全书》本。

6.〔清〕吴任臣：《十国春秋》，文渊阁《四库全书》本。

7.〔清〕陈璂修、王棻纂，屈映光续修、陆懋勋续纂，齐耀珊重修、吴庆坻重纂：《杭州府志》，民国十一年（1922）铅印本。

桐君祠：桐君山上桐君祠
桐君术比神农氏

在今桐庐县城东外的桐庐山上，有祠名桐君祠，该祠祭祀的是桐庐古代药学家桐君。传说桐君是黄帝的大臣，与神农氏齐名，著有《桐君采药录》。也有说法是桐君为唐尧时期的大臣，或者上古时代人，但具体时代不详。我们采取黄帝时大臣之说，因为有此记载的文献更为可靠。桐君的药学著作原书已经失传，但桐君在其故地的影响力很大，且至今不衰。以桐君命名的地方或建筑不胜枚举，比如桐庐县，县名即是出自桐君。

南宋的《方舆胜览》记载了桐庐名称的由来，其中有桐君的记载："桐君山在桐庐，有人采药，结庐桐木下，人问其名，指桐木示之，江山因以桐名郡，曰桐庐。"这是关于桐君的比较广泛流传的记载，也是桐君之称的由来。即是说曾有人在桐君山采药，这时山名必然不叫桐君山，此为后人的记述方式。采药人在桐木下结庐而居，路人问他姓名，他不语，只是手指桐木，人便称他为桐君。

为了避免混淆视听，关于"桐庐"县名的另一种说法本文也采录于此："耆旧相传云：桐溪有大猗桐树，垂条偃盖，荫数亩。远望似庐，遂谓为桐庐县也。"具体缘于何故本文不予考究，只是涉及桐君传说，所以特

桐君山风光

意提及。除了县名，以桐君为名的还有桐溪乡、桐庐镇、桐君山、桐岭、桐君崖等。

如此种种都是后世对桐君的纪念，而最主要的纪念场所便是独属于他的桐君祠了。元代桐庐人徐舫有《桐君祠》一诗，诗曰：

山势联翩青凤凰，梧桐花老旧祠堂。
神仙往昔千年事，岩谷犹今百草香。
世代无人谈角绮，衣冠有像配羲皇。
仍传松顶双双鹤，沧海飞来岁月长。

这首诗十分浪漫，"神仙往昔千年事，岩谷犹今百草香"，将桐君喻为神仙。他独居山上采药，著写了传说中的中国第一部药典。人问姓名却不言，居桐树下的草庐便以桐庐为名。这正是俗世中的我们向往的世外高人的生活。由此也可猜测，关于桐君的记载有可能是后人的想象附会，未必是真实事迹。这样的传说也体现出了后人对桐君的美好情感，向往而感激。

桐君祠始建于北宋元丰年间（1078—1085），是当时的桐庐知县许由仪创建的。起初只是立了一座小堂，内有一幅桐君画像。立祠之前，许由仪曾去桐君山上寻访桐君的《采药录》，但书已经失传，寻访未果。他只在山隈见到了一双小桐树，便绘了桐君像立于山巅以祭祀之。由此便有了第一座桐君祠。

由徐舫的诗可知，元朝时祠内已经是塑像，而非开始时的画像。这一举措是由许由仪之后的孙景初继任县令时所为。此后，多有名人到桐君祠留诗题字。徐舫即为此祠写过不止一首诗，除了上述的《桐君祠》，还有一首《张小山捐俸重修桐君祠》，其诗如下：

> 先生远有烟霞趣，镌玉捐金隐者祠。
> 瑶草久荒云一片，碧桐仍见凤双枝。
> 芙蓉日静文书暇，杖履春来啸咏迟。
> 他日幽期何处好，寒松花发鹤归时。

这是徐舫为张小山重修桐君祠所作的诗。我们在此处介绍一下徐舫和张小山其人。徐舫，字方舟，前文提过，他是桐庐人，这也是他关注桐君祠的原因之一。史载徐舫幼轻侠，好击剑、走马、蹴鞠，后转性读书，却无意为官，只是漫游江湖，诗酒人生。他曾在江边筑一别室，每日吟哦在烟波间，恍若与世隔绝，自号沧江散人。明初名臣刘基、宋濂皆是其好友。

张小山，即元朝著名散曲家、剧作家张可久。他和乔吉并称"双璧"，与张养浩合为"二张"。他仕途失意，以诗酒消磨，徜徉山水，作品大多记游怀古、赠答唱和。有记载的是他曾做过桐庐典史，典史一职设置于元朝，明清沿用，是不入品阶的地方小官，俸银应该不高。所以他捐俸建祠并不是因为俸禄高，而是如徐舫所说的"先生远有烟霞趣"，于是"镌玉捐金隐者祠"。重建不久，元朝覆亡，此祠毁于元明战火。

在古建筑的流传过程中，绝大多数建筑物毁于兵祸，哪怕几复几修，也终究不存初貌，十分可惜。

明初洪武年间（1368—1398），重建小祠。成化间（1465—1487），祠宇倾圮。嘉靖（1522—1566）初，

桐君祠

桐庐知县张莹辟在旧址上重建桐君祠。此次构筑的祠宇相较之前规模有所扩大，构建了三间堂室，设了桐君的木雕之像，祠后竖着石头垒成的楼柱，庙貌崇严。又取长乐寺的大钟悬挂在祠中，用以掌握晨昏之时。祠在山巅，亭塔巍峨，山水掩映。每每登顶，眺望江山景物，皆能一览于目，仿佛置身图画中。昔人将它比作浮玉山，又号小金山。经过五十年的岁月剥蚀，祠庙废坏。

万历五年（1577），知县李绍贤重建，并以东晋末刘宋初的隐士戴颙配享。万历十一年（1583），知县杨东重修祠庙，并铸了一口新钟悬于祠内，又题匾其上。新钟的晨昏之声闻于四达，较前番另有一派气象（关于此次重修的时间还有万历十二年和十三年的记载，本文采用了记载次数最多的十一年之说）。

天启年间（1621—1627），知县蒋恒盈再度造楼铸钟，增创屋宇三间于正殿之侧。此外，又指定了紫霄观道士一人，居住在祠内，管理祠庙事务。更将觉渡废寺的寺产归于桐君祠。祠有匾额为"闳中肆外"。

康熙十一年（1672），下诏纂修。次年农历四月，马象麟修葺桐君祠。康熙二十四年（1685），僧人文源在桐君山西南隅建立四望楼，楼下设桐君像，祭祀之。

今日的桐君祠内有桐君的金身塑像。祠堂为三楹老屋，堂旁有七级桐君白塔，是桐庐的地标性建筑。桐君山上还有桐君铜像，肩挂药葫芦，后背箬叶帽，慈眉善目。还有一座"桐君亭"，亭内有"药祖圣地"石碑。

桐君仙逝已久，桐君祠也立于山巅千年。桐庐境内关于桐君的纪念场所很多，可谓是赢得了生前身后名。在此，以萨天赐《过桐君山》诗句结束此文：

药祖桐君像

桐山峨峨桐水清，仙人不住芙蓉城。
山头笑指梧桐青，至今山水俱得名。

参考文献

1.〔清〕嵇曾筠等监修，沈翼机等编纂：《雍正浙江通志》，文渊阁《四库全书》本。

2.〔清〕吴世荣修，邹伯森等纂：《严州府志》，光绪十六年（1890）刻本。

3.颜士晋修，朱邦彦、臧承宣纂：《桐庐县志》，民国油印本。

4.马继兴：《〈桐君采药录〉的著者"桐君"》，《中医文献杂志》2005年第2期。

药王庙：庙中崇祀是何人
共享药王香火馨

　　药王庙又名惠应庙、福祐院、应化庙、皮场庙，今位于吴山。关于吴山药王庙的来历，北宋钦宗时的荆湖北路提点刑狱公事周秋在为惠应庙写的记文里有记述：东汉光武帝时，有天师偶然路过衡阳一座祠庙，遇到一位耆老。天师对老者说这个地方有炎帝，神的灵气很盛。说罢进入祠庙观看，只见庙内供的是圣像古籍。

　　耆老说这是古神农皇帝的像。三皇时神农氏定都曲阜，当时的百姓有因为吃腥臕之物而导致死亡的，神农就召集二十四名忠义勇烈之人，分成十二分野进行播种采药，救民无数，所以被百姓供奉了起来。天师听闻之后，图画神农圣像，上奏光武皇帝。光武在建武年间（25—56）降诏建祠于古洛河之东，奉祀神农氏（《咸淳临安志》记载是建武辛未年，但建武没有辛未年，存疑待考）。

　　东汉末黄巾起义时，起义军攻占了城邦，相州皮场镇的百姓向神农庙虔诚祈求平安。不久，果然雨雪并下，战乱被平定。因神农庙显灵护国，汉献帝赐庙名为"皮场庙"。唐贞观二十二年（648），迁庙于长安。后周显德五年（958），又重建庙于汴京显仁坊。南渡时，有人将神像带到了杭州，立在吴山看江亭内，以此作为简易祠庙。

　　上述内容出自北宋末周秋的记文，依据他的记载，皮场庙祀的是神农氏。这篇文章收录在南宋潜说友的《咸淳临安志》中，但在同一词条下，潜说友又提到，庙中所祀为皮场土地神，而且记录了北宋徽宗朝对祠庙的加封情况，誊录如下：

　　建中靖国元年（1101）六月封灵贶侯。崇宁元年（1102）三月加封为公爵，即灵贶公。崇宁四年（1105）闰二月封灵惠王，七月加封灵惠显通王，十月共配其夫人，且封为灵婉夫人，十一月改封灵淑夫人。大观元年（1107）十一月改封明灵昭惠王，三月赐额"显灵应感庙"，赐殿名"享诚昭福"。政和五年（1115）七月，改赐额曰"灵应"。

　　这些敕封都是在宋徽宗一朝，为何徽宗如此频繁地加封皮场庙，书中没有记述。宋帝加封的到底是谁？潜说友依据记载提出了"皮场土地神"和"神农"两种说法。

　　依据周秋记文，彼时皮场庙确定无疑供奉的是神农，并没有提到土地神或后世所谓的张森之说。但在徽宗时期，多次加封皮场庙神，而神农是三皇之一的炎帝，笔者认为不应该被后世帝王敕封为某侯或某公。

　　关于"土地庙"之说，据潜说友所述，是记载在宋朝的《国朝会要》中的。此书成书于北宋庆历四年（1044），如此一来，宋徽宗加封的也可能是皮场土地神。然而，"土地"在道教体系中地位是很低的，其辖区通常只是他的所在地，甚至一个村子就能有一个土地神。从河北迁庙至长安，再建庙于汴京，这都不是土地庙该有的待遇，所以笔者推测皮场庙供奉的应该就是神农氏。

这样得出的结论就是：皮场庙原本供奉的是神农氏，但宋徽宗加封的却可能是皮场土地神。潜说友也认为祠庙所祀应是神农氏，因为当时的病人都会到皮场庙去祷告，潜说友认为有去疾能力的神灵应该就是神农氏。还可以佐证这一说法的是南宋末关于皮场庙的重建情况。

绍定四年（1231）九月，皮场庙倾圮，神像俨然独存。宋理宗赐度牒绫帛，命在祠庙旧址上重建之。咸淳五年（1269）八月，寿和圣福皇太后（宋理宗皇后谢道清）降钱修葺皮场庙。十一月，王号加封"显祐"二字，灵婉夫人加"嘉德"，灵淑夫人加"嘉靖"。其实灵婉和灵淑是同一个人，上文提到过，灵淑是灵婉的改封之号。

这说明加封的时候礼部官员没有弄清楚基本的状况，此事也可以折射出，宋徽宗赐封号时或许也有礼部失职的情况。谢太后降钱修葺的祠庙，两庑绘着二十四仙医，相传是为神农采药的人。既然两庑是为神农采药之人，

吴山药王庙

正殿自然该是神农氏了。由上述内容，更可确定皮场庙供奉的是神农氏，故俗称药王庙。

除了土地和神农之外，药王庙供奉之神还有另一种说法，即是汤阴皮场镇的库吏张森。张森之说始见于明朝史学家张岱，却不知道他据出何典。张岱在他的《西湖游览志》中记述了皮场庙的历史。

文中称，皮场庙神是汤阴张森。汤阴县原有镇名为皮场镇，这个镇子以萃制皮革为业。在他们制作皮革的过程中，蒸烂了的动物皮中产生了很多毒蝎。当时张森是皮场的库吏，他平素谨慎虔诚地供奉着神农氏，此时便向神农祷告，祈求神灵帮助灭杀毒蝎。灾难过后，当地人感念张森之德，立庙祭祀他。信众凡有疹疾疮疡，只要去向他祈祷，皆能得到回应。东汉建武间，当地守臣听说此事之后，便开始推崇供奉皮场张森。后面的内容各类史籍中记载相同，皆是南渡后立庙吴山，此不赘述。

以上说法与周秋之说相同的有两点：一是祠庙的始建时间，都是在东汉初建武年间（25—56）；二是在灾难降临的时候，当地百姓求告于庙，得到了神灵的襄助，息灾灭患，所以信奉更虔。

张森之说出现得较晚，当是后人附会之说。或许是因为神农之说和土地神之说都有不合理之处，便出现了逻辑上更"合理"的皮场镇张森之说。这种说法在后世喧宾夺主，成为主流。嵇曾筠主修的《雍正浙江通志》和杭州地方志《杭州府志》都采用了张森之说。

祠祀供奉多是安慰人心的作用，所以不一定要严守着最初的神灵来供奉。

在这之后，河北保定府、广平府、亳州等地皆出现了皮场庙。保定皮场庙其实是汉邳彤庙之误，因为都是药王庙，所以才会误作皮场庙，常有病患进庙祈祷。而在亳州地方志中记载了宋时求功名之人皆求祷于皮场庙，这与官方屡次敕封有很大关系。中国人素有见庙烧香的习俗，很多时候并不严格按照庙神的权职进行专门的求拜。

由上述两则记载便可窥见皮场庙在宋朝的香火之盛。明清建立的皮场庙，据记载供奉的多是张森。祠庙的发展演变和当地百姓的信仰及口口相传有很大关系，即使张森之说来得突兀，信众也不会去考证，他们在意的只是灵验与否。

关于皮场神的灵验传说，《咸淳临安志》中记载了一则故事：南宋时，有一位书生姓叶，在临安国子监读书。这叶生外表看起来痴傻昏庸，内里则虔诚恭敬。平日侍奉神灵尽心竭力，每月的初一、十五必定要去皮场庙拜谒，寒暑风雪从无间断。

叶生省试落榜，便思量着回乡，奈何袋中无一钱可用。他便对同舍的书生说："我穷困又没有事做，得钱无策，明日要去向皮场祈祷，求三万钱。"众人听了，只是叹笑他痴傻。到了第二天，叶生果然去了皮场庙。回来的时候面有喜色，并说道："我用杯茭占卜，皮场神已经许我银钱了，明日就能得到。"众人问道："钱要如何送来？"叶生说道："这是不可知的。"

到了第二天，叶生直愣愣地坐了一天。及至傍晚，有邻郡太守指名请一位书画者充当馆客，那人却不肯去。叶生急忙应承，表示他愿意前往。在对方准备付他资费的时候，他请求对方借他三万钱，他想回乡看望母亲，回来后归还，对方应允。叶生所得银钱数与他昨日所说刚好符合，这时，大家还是认为这只是偶然。

在叶生回乡的途中，与百人同乘一艘船。有一天他们正在船头闲聊，突然风雨大作，狂风刮扯帆布，船体剧烈晃动。同船人惊惧不已，诵经念佛祈求平安，唯独叶生熟睡不知。待风定波平，同行人才告诉叶生："方才看见金甲巨神仗剑坐于船篷上，不知道他是谁。今天船能免于覆翻，全赖其神助。"叶生听了悚然变色道："这便是我香火所奉的皮场大王呀！他的画像现在就在我的箧匣内，刚才我在梦中见的正是他。"

书中说，这则故事是临川游祖武为前廊学录时亲口讲述的。凡是香火比较兴盛的庙宇，总有一些灵验的故事，这些故事是杜撰还是根据某些发生过的事演绎而成，也不好断定。但神祇显灵保佑的事，无疑是不会有的。

药王庙内景

南宋之后，直到清朝才有吴山皮场庙的兴废记录。康熙九年（1670），此庙毁于大火。康熙十七年（1678），浙江布政使李士桢重修。乾隆元年（1736）祠毁，乾隆三年（1738），文华殿大学士嵇曾筠饬令属下重建。嘉庆二十一年（1816），药商重修。道光年间（1821—1850），再度进行修葺。御史魏成宪记述了皮场庙在太平天国运动中毁于战事。同治十年（1871）重建。

现在吴山的药王庙正殿供奉的依然是神农像。这样看来，药王庙的神像一直是神农像，没有记载显示有东汉张森之像，更说明此庙所祀的始终是神农像。虽然皮场庙神的身份记载中有变，但祠庙在重建修葺过程中，神像始终没变。药王庙内的神农像金身端坐，手持药草，神态庄严。左右两侧竖着神医扁鹊和孙思邈的像。

神农是中国上古姜姓部落的首领，传说这位首领由于懂得用火而得到王位，所以称为炎帝。相传神农亲尝百草，发展用草药治病的技术，又促进了农业发展，在制陶、贸易、文化等方面皆有贡献。

参考文献

1.〔宋〕潜说友纂修：《咸淳临安志》，《宋元方志丛刊》本，中华书局 1990 年影印清道光十年（1830）钱塘汪氏振绮堂刻本。

2.〔清〕梁诗正：《西湖志纂》，文渊阁《四库全书》本。

3.〔清〕陈璚修、王棻纂，屈映光续修、陆懋勋续纂，齐耀珊重修、吴庆坻重纂：《杭州府志》，民国十一年（1922）铅印本。

半山娘娘庙：倪女勤王封娘娘
半山泥猫福蚕桑

　　南渡初，金朝完颜宗弼带兵攻到杭州皋亭山。相传山下住着一户人家，姓倪。兵火纷乱，倪氏女逃入山中避难。她想到最终不能幸免于难，害怕受辱，就自尽而亡了。蕲王韩世忠恰好在此地抗敌。某天夜里，韩蕲王梦见倪氏女来访。她告诉蕲王自己的身世，说上天怜悯她，便征她为此地之神。倪氏女对蕲王说："明日早晨王当与敌军作战，我愿助王之威。"

　　蕲王醒来，颇感讶异。次日作战时，果然临阵有神鸦遮蔽天日，又鼓动双翼，扬起飞沙，扬沙遮迷了敌兵的眼，敌兵不战而败。蕲王向皇帝上表讲述这桩异事，皇帝便降旨敕封了倪氏女。这是关于半山娘娘传说中的一种，记载于《杭州府志》。

　　还有一种说法是高宗为康王时，倪氏女助王撒沙退敌兵。这是仁和名臣胡世宁《撒沙护国夫人庙记》中的记述。胡世宁在该文中说神女在金兵临境时避乱于郊野，饥寒交迫，狼狈而亡。乡里人怜悯她捐躯守志，便葬她的尸骸于皋亭山的半山腰。

　　金兵长驱南逐，康王奔逃到皋亭，倪氏女托梦于康王，退敌的故事和蕲王的如出一辙，不再赘述。只说康王即位为高宗后，敕封倪氏女为"撒沙护国显应半山娘娘"，立庙塑像祭祀之。所以半山娘娘庙也叫撒沙夫人庙。

其实康王赵构从靖康之难到登极于应天府（今河南商丘）的这段时间内，并未到过杭州。赵构被金兵追击到浙江是在即帝位之后，当时女真兵马意欲吞并整个大宋疆域，所以一路追赶宋廷君臣，但并未与身为皇帝的赵构正面交锋。由此可知，胡世宁记述的这则传说也不大可信。但他详细地说明了敕封封号和立庙祭祀之事，所以流传颇广。

杭州富阳人郁达夫在游记《皋亭山》中也讲了这则故事："他们又说半山娘娘，是小康王封的。金人追小康王到了这山的半腰，小康王无处躲了，幸亏这娘娘一把沙泥，撒瞎了追来的金人的眼睛。又有一个老农夫订正这一个传说，小康王逃入了半山的山洞，金人赶到了，幸亏娘娘把一篓细丝倒向了洞口，因而结成了蛛网。金人看见蛛网满洞，晓得小康王决不躲在洞里，所以又远追了开去。

"凡此种种，以及香灰疗病，娘娘托梦等最近的奇迹，他们都说得活灵活现，我们仿佛是身到了西方的佛国。故而何诗人写了诗，而不是诗人的我也放出了那么的一'臭'。其实呢，半山庙所祀的为倪夫人。据说，金人来侵，村民避难入山；向晚大家回村去宿，独倪夫人怕被奸污，留居山上，夜间为毒蛇咬死。人悯其贞，故立庙祀之。所谓撒沙，所谓倒丝筐，都是由这传说里滋生出来的枝节，而祠为宋敕，神为女神，却是实事。"

综合记载和百姓口口相传的故事，郁达夫所说的似乎更符合事实。倪氏女之死应该与怕被侮辱有关，所以历来有人称赞其贞。但相对于自尽而言，死于外因的可能性更大。为毒蛇所害还是饥寒交迫，却难定性。至于撒沙护国之事，或许是当时的自然现象。

在倪氏女获封半山娘娘后，旧时的妇女常入半山庙祈蚕。回家的时候购买庙中的泥猫，据说这种泥猫可以吓退老鼠。半山泥猫成为蚕农的镇鼠之宝，被视为蚕花的守护神，也被视为吉祥之物用于馈赠亲友，人们期望半山泥猫能消灾祛邪，带来家业富足。这就有了后来的半山泥猫习俗。半山以泥猫镇鼠、吓鼠，祈盼丰收的习俗，正是源于南宋。

农历五月初一是半山娘娘的诞辰，到了这天，半山娘娘庙会迎来周边地区很多虔诚的香客，特别是来自杭嘉湖地区以养蚕为业的桑农们。他们成群结队，头缠毛巾，背着香袋，沿着隋唐年代开凿的运河水系，乘着夜色，一路浩荡，黎明时分，泊船停靠在半山桥畔，香客队伍逶迤数里，入半山娘娘庙进香，祈福蚕花。

半山泥猫习俗兴盛于清代，光绪年间（1875—1908）逐渐衰落。清代《广蚕桑说辑补》中记载："蚕最为鼠所喜食，饲蚕者不可无猫。无猫之家，每以泥塑假猫外加粉饰，置蚕室中吓鼠……"可见此习俗的寓意几百年没有变过，现在更被收录为浙江省省级非物质文化遗产。

清代著名词人、学者厉鹗有诗名《撒沙夫人庙》，其诗曰：

台殿高切云，北山山半出。
下视花海铺，上荫松障密。
薄暮一跻攀，回风送萧瑟。
翠帷映金灯，香雾蒙玉质。

在昔建炎初，兵气缠驻跸。

神生正笄年，走避致愁疾。

守贞陨空山，退敌合仙术。

沙扬灌坛雨，氛蔽东皇日。

传乏更生文，记无令升笔。

惟有村女儿，酌醴岁勿失。

诗中提到"神生正笄年"，意思是倪氏女亡于皋亭山时不过及笄之年，只是个少女。此诗将倪氏女勤王退敌的故事尽收其中："走避致愁疾。守贞陨空山，退敌合仙术。沙扬灌坛雨，氛蔽东皇日。"逃难山中，守贞致陨，仙术退敌，扬沙灌雨……又提到了祠庙的景致和庙况，"台殿高切云，北山山半出"，"翠帷映金灯，香雾蒙玉质"。夕阳斜照时，金黄的阳光透过翠绿的树帷，蒙着傍晚的山雾，映入祠庙，令人目酣神醉……

半山娘娘庙不知毁于何时，明嘉靖三年（1524）重建。崇祯六年（1633），再度重建。清代康乾年间，清明时节，皋亭山前后桃花最为繁盛，延播十里，游人携酒往来，妇女入半山娘娘庙祈蚕，络绎不绝。道光九年（1829），半山娘娘庙山门焚毁。道光十九年（1839），百余名信士募资捐物重建山门，门内的石刻楹联为：

障半壁之江山，撒沙助阵，南宋首崇祀典

拯四方之疾痛，佑民福国，皋亭久著神灵

光绪三年（1877），庙宇重修，庙内立着重修碑刻。光绪十年（1884）铸有巨钟，光绪二十一年（1895）前，堂宇尽毁。民国时期，半山娘娘庙又得重建，新庙的前部有正殿三间，后部有观音殿，西面有厢房一排数间。抗战后期，除娘娘殿外，庙中其他建筑全被日军炸毁。

20世纪末，杭州市拱墅区半山镇半山村倪氏后裔募资在遗址前重建半山娘娘庙。庙内前有娘娘殿，后有观音殿，殿堂内外匾额、楹联为多名著名书法家撰写，西侧有数间厢房。如今，半山娘娘庙香火之鼎盛，尤胜往昔。20世纪以来，每逢农历五月初一，江浙沪等地前来半山娘娘庙进香的善男善女足有万余人次。新建的半山娘娘庙是杭州拱墅区非物质文化遗产保护基地，由当地政府管理。

参考文献

1.〔清〕陈璚修、王棻纂，屈映光续修、陆懋勋续纂，齐耀珊重修、吴庆坻重纂：《杭州府志》，民国十一年（1922）铅印本。

2.〔清〕厉鹗：《樊榭山房集》，《四部丛刊初编》本，上海商务印书馆，1918年。

3.汪坚青修，姚寿慈纂：《杭县志稿》，抄校本，年代不详。

东岳庙：掌人间善恶之权
握天下死生之柄

　　古人将五座名山称为五岳，分别是中岳嵩山、东岳泰山、西岳华山、南岳衡山、北岳恒山。东岳泰山又名岱山，是为五岳之长。古代王者改制应天，功成便封禅泰山，以告天地，所以历代封禅岱山者极多。泰山神相传为天帝孙，主官职、生死、贵贱等事。古人认为，人死后魂神会归于泰山，泰山神下领仙官仙女九万人。

　　那么泰山的府君到底是谁呢？他主掌生死的权柄又是从何而来的？《东岳大帝本纪》说道："盘古氏之苗裔，称玄英氏。玄英氏之子称金轮王，又称少海氏。少海氏之妻称弥轮夫人，夜梦口吞二日，（生二子）金蝉氏后称东华帝君，金虹氏即是东岳大帝。金虹氏住在长白山，佑民有功，至伏羲时封为太岁，称太华真人，掌天仙六籍，遂以岁为姓，以崇为名。至汉明帝永平年间，封大帝为太山元帅。"

　　"太山"即是"泰山"。这种说法称，东岳大帝是盘古的后裔，东方朔《神异经》也称东岳大帝为金虹氏，姓岁名崇。但传嗣过程二书说法稍有不同，此处不考。

　　关于泰山神的身份，还有多种说法，如临川雷度之说、黄飞虎之说、温元帅琼之说等。雷度之说见载于《夷坚丙志》，流传不广，且雷度其人无甚建树，此文不予细说。黄飞虎是《封神演义》中的神话人物，《封神演义》卷九十九回："封黄飞虎为东岳泰山天齐仁圣大帝，总管天地人间吉凶祸福，执掌幽冥地府一十八重地狱，凡一应生死转化人神仙鬼，俱从东岳勘对，方可施行。"

东岳大帝的"天齐"二字是万岁通天元年（696）武后所封的号，唐明皇封禅泰山时又进封为"天齐王"。宋真宗大中祥符元年（1008）封禅后，诏加号为"仁圣天齐王"，大中祥符五年（1012）又加号"天齐仁圣帝"。元至元十八年（1281），诏加"天齐大生仁圣帝"。"天齐"是峻极于天的意思。

《封神演义》成书于明代，所以在书中为黄飞虎封神时，封号是按照宋朝赐号加封的。书中封东岳大帝的同时还封了黄飞虎之子黄天化为炳灵王，即东岳大帝的第三子："封黄天化为总领三山正神炳灵公。"

现在的吴山中兴东岳庙，庙内除了东岳大帝的塑像之外，还有称为东岳第三子的炳灵公像和东岳之女碧霞元君的塑像。相传东岳帝有五子一女，宋真宗时各有封诰。长子封宣灵侯，次子夫妇为惠灵侯和惠夫人，三子夫妇为圣炳灵王和永泰夫人，四子居静鉴大师，五子夫妇封佑灵侯和淑惠夫人，一女为玉女大仙。

俞樾的《茶香室续钞》中说："今世俗止知有炳灵侯，余子无闻焉。"可知晚清时东岳诸子中流传下来的只有三子炳灵公了。关于炳灵公，传说颇多，在不少传说中，炳灵公的品行皆是好色轻佻、仗势横行。

虽然历代帝王对东岳大帝多有封诰，但东岳大帝其实只是泰山的人格化，后世所谓某某是东岳泰山神，皆是附会。人格化后的泰山神称泰山府君，有子有女。府君所掌阴府一如阳间官府，所以阳间官场的人情流弊在阴府也同样流行。

前文说到吴山中兴东岳庙内还有碧霞元君的塑像，碧霞元君其实并不是泰山神之女。但碧霞元君是泰山娘娘这点是确定的。关于泰山女的记载，最早的是晋代张华的《博物志》和干宝的《搜神记》，两书都说泰山女嫁作河伯妇，但并没有提到泰山女在泰山有祠或护佑一方的事。

泰山娘娘则是天仙神女，黄帝时始见。有的说是汉明帝时善士石守道的女儿石玉叶，也有黄帝遣七女于泰山修行，玉女即黄帝七女之一的说法。泰山娘娘的敕封是在宋真宗泰山封禅时，"碧霞"二字则是明朝嘉靖间所改的宫观名称，后人是将泰山之女和泰山娘娘混为一谈了。

作为五岳之首的泰山神，广受崇拜，庙宇无数。杭州的东岳庙见于记载的至少有四座，现存的还有两座，分别在吴山和法华山。上文数次提到了吴山中兴东岳庙的一些情况，所以此处先进行介绍。

吴山东岳庙庙额为"中兴东岳庙"，建于北宋大观年间（1107—1110），位于吴山馨如坊。绍兴七年（1137）乡民合力重修，绍兴二十九年（1159）方才告成。嘉泰四年（1204）、淳祐十二年（1252），分别进行了重修。宝祐元年（1253），宋理宗亲书"东岳之殿"四字。

元朝庙毁，明朝景泰间（1450—1457）重建。成化十年（1474）庙又毁于大火，嘉靖十一年（1532）重建，侍郎江晓写了重建记。清咸丰十一年（1861）前后毁于兵燹。同治十年（1871），杭州仁和县沈祖懋作重建碑记。沈祖懋是进士出身，官至国子监司业。记文中述说了重修始末。

万历四十六年（1618），明神宗曾给中兴东岳庙颁赐玉玺一方，又赐匾额"俾昭法守"。咸丰间庙毁后，杭人陈梁庆到楚北去探望友人，而他的朋友告诉他，自己在黄鹤楼见到过一方玉玺，查看方知是中兴东岳庙的旧物。陈梁庆因为当时战事未息而不能求购，所以对此事一直耿耿于怀，心中片刻难释。

同治三年（1864），陈梁庆生了重兴东岳庙的想法。同治七年（1868）春，陈梁庆与同仁汪德生商议此事，胡雪岩允诺捐资修建，于是各绅士商民闻风而动，踊跃捐款。不出一年，庙貌便焕然一新。新庙落成，陈梁庆更悔当时没有得到宝玺，现在又无处访求。过了数月，

中兴东岳庙

忽然有楚人送玉玺到杭州，来人说自己曾得到了奇异的兆示，所以才有了送玺之举。于是陈梁庆认为是自己的至诚感动了东岳神灵，而宝物的流传实在是有暗中庇佑者。

现存中兴东岳庙为五开间，硬山顶，共三进，占地两千四百七十平方米。第一进为山门及古戏台，山门具有清末风格。第二进为主体建筑庙堂，五开间。明间前檐柱为石雕蟠龙柱，有明末风格，古戏台和石雕蟠龙柱在杭州城区是独一无二的。

另一座东岳庙在西溪法华山，又称"古东岳庙"，该庙始建于南宋乾道三年（1167）。嘉定十七年（1224），枢密史弥远请旨拓展面积重建东岳庙。此次重建有刘禹写的《重修法华山东岳庙记》，文曰："今岱岳总四海九州之众，系掌握覆庇之下。则分司列局，默有神物，统摄而经理之。赏善罚恶，炳灵斯世，亦如列宿之垂象于上天，臣工之赞襄于王者尔。则圣迹之著又何疑焉。惟其圣迹之既著，故士民崇奉香火，不惮道路隔涉，咸萃聚而奔趋焉。"

此段将东岳庙在南宋的地位和盛况都有说明，"岱岳总四海九州之众"，赏善罚恶，显示灵气于当世，一如众星拱月、众臣襄王，故而香火兴盛。信众不惧路远，跋涉聚集在东岳庙，卜问前程，祈求平安。

后文则细说了重建契机和过程：法华山的东岳庙距城有三十里，因"岁月漫漶"导致庙宇颓毁殆尽，但士民对东岳神的信奉"不改其故"，所以开始逐步修葺东岳庙。先是宁国的王先生化缘修换了正殿的柱木，再有当地人祝松年捐金重塑了东岳神之像，整理了廊庑神物等物件。后来祝松年卧病，家人到东岳庙求祷。就在祷

清高遗庙肃人思

H A N G

Z H O U

东岳庙古戏台

告当晚，祝松年梦见自己到了东岳庙，受到东岳神指导告诫，他听后许诺重建祠宇报答之。

　　这件事情最后上报到枢密使史弥远处，史弥远便舍钱三十万以成其事，又写了募化用的疏簿倡导此事。工材皆备后，于嘉定十七年（1224）九月开工，告成于宝庆三年（1227）三月，跨历三年。此时的法华东岳庙为杭郡东岳之冠。记文是这样形容的："上而栋宇檐甍，下而衢陌街石。几案供具之属，色色整办。创立祠宇者四，以奉祀等神。凿井汲泉，施疗病者。总计所费逾数万缗，规模制作，悉增于前。"

　　由描述可知，这座东岳庙虽然是东岳庙之冠，但并不至于巍峨堂皇，只是较前有所扩充，物件也较为齐备。同时在庙中凿了一口井，井水用于治疗前来祈求康健的病患。此次扩建后，见于记载的翻新史就是清朝了。

咸丰十一年（1861），该庙毁于兵火。同治十一年（1872），邑人重建。光绪元年（1875）再度毁于大火，次年复建。关于此庙，还有郎瑛所作的《重修法华山东岳庙碑记》。这次重修的不是祠庙，而是庙碑，所以是重修庙碑的记文。

郎瑛，杭州仁和县人，明代学者、藏书家，著有《七修类稿》。据郎瑛所言，每年春三月的东岳大帝诞辰日，杭州民俗举行赛会。是日杭州百姓携带布帛到法华山东岳庙进香，络绎道路者竟至于昼夜无休，可见其繁盛非凡。

嘉靖四十四年（1565）三月，郎瑛也依民俗前往东岳庙参观庙会。他看见一块碑暴露在烈日下，便找来庙祝，对其说道："石碑长久地暴露于风雨之中，恐怕离坏的时候不远了。怎么能不想法子庇护一下它呢？"谁知，到了第二天，石碑忽然自己碎裂了。众人惊骇，有人说这是神灵想要换新的才让它碎的。又次日，庙祝来找郎瑛，向他求文以记述这件奇事，郎瑛于是记文讲述了这件事的始末，并且买了石碑重新镌刻，又在碑上修亭保护。

现存的老东岳庙为20世纪末的建筑，由东岳村复建。沿其旧习，仍由老东岳村管理。现老东岳庙有三个殿，进门为山门殿，塑有四天君像。拾级而上，是东岳宝殿，即东岳庙之大殿。殿内正中供奉东岳大帝，大帝后面奉淑明皇后和二娘娘，左边供奉关公，右边供奉包公，两边为以温元帅为首的十大元帅。

参考文献

1.〔清〕嵇曾筠等监修，沈翼机等编纂：《雍正浙江通志》，文渊阁《四库全书》本。

2.〔清〕梁诗正：《西湖志纂》，文渊阁《四库全书》本。

3.〔清〕陈璚修、王棻纂，屈映光续修、陆懋勋续纂，齐耀珊重修、吴庆坻重纂：《杭州府志》，民国十一年（1922）铅印本。

4.汪坚青修，姚寿慈纂：《杭县志稿》，抄校本，年代不详。

岳王庙：一片忠魂万古存
剑边英气塞乾坤

　　武穆王岳飞在中华文化中的意义非常深远，近千年来，关于岳武穆的戏曲、诗文、小说、影视可谓是车载斗量。从我们少不更事时，"精忠报国"的故事就给我们小小的心灵带来了强烈的冲击。一心为国，忠烈不屈，凛凛然的形象在祖祖辈辈的崇拜中传承了下来。不论是千年前的南宋还是千年后的今天，这样威烈的英雄都当得起我们崇高的敬意。

　　岳飞被害于南宋国都临安，死后埋骨在杭州城郭外的九曲丛祠。如今的岳坟与岳王庙同在栖霞岭南麓。由于岳飞承载的意义巨大，所以历朝历代对他的追封、岳庙的修葺、百姓的崇拜，相较一般祠庙都要隆盛许多。岳武穆除了自己的祠庙，还有部下张宪的祠庙、妻子儿女的祠庙。因年代久远，这些祠庙如今有些并祀了，有些湮没了，我们在此文一并讲述。

　　此处先就岳飞生平做个梳理，让读者对岳飞有个基本的了解，这样才会明了后人为什么这样郑重其事地纪念他，歌颂他。

　　岳飞是崇宁二年（1103）二月十五日夜里出生，生于河北真定府路的相州汤阴县（今河南安阳汤阴县）永和乡的一个村子，父亲叫岳和，母亲姓姚。他出生时，一只大鸟在院落上空飞鸣而过，因此，父母将他取名为飞，取字鹏举。

岳飞家境贫寒，因此他从童年起就参加劳动。白天拾柴割草，晚上父亲教他读书识字，也常向他讲述一些英雄事迹。岳飞记忆力很强，人也聪慧，学过的知识和听过的故事都给了他积极的鼓舞。

史书记载，岳飞年幼时就具有超人的力量。未成年时，便能拉开吃力三百斤的劲弓。岳飞曾拜他的同乡周侗为师，学习射箭的技艺。后来又在外公姚大翁的指导下，向有名的枪手陈广学习"技击"，这让岳飞在使枪上成了"一县无敌"的人。年长后，岳飞做庄客谋生，并与一位刘姓女子成了亲，婚后第二年，生下了长子岳云。后来，岳飞辞去庄客的营生，应募从了军。

杭州岳王庙

建炎元年（1127），岳飞结识了东京留守、开封知府宗泽。宗泽是在两宋之交涌现出来的杰出政治家、军事家，是我国历史上著名的爱国英雄。宗泽赏识岳飞的才能，留岳飞在自己的军营里，由他直接指挥。在宗泽的统领下，岳飞屡立战功，数次被拔擢。

在移军到宜兴境内之后，岳飞派遣专人到汤阴县去迎接亲眷。当时他的全家都逃难到外乡去了，后经过多方探询，才找到了他的母亲和两个儿子，而他的妻子刘氏已经改嫁别人了，岳飞此时便娶了第二任妻子李氏。

岳飞后来因战功被提升为清远军节度使、湖北路荆襄潭州制置使。岳飞在军事方面的才能和建树一时难以尽书，此处不予详述。且看在朝廷和百姓心中威望甚高的岳飞和岳家军是如何夭折的。

绍兴八年（1138），宋高宗赵构委托秦桧接受了对金国的投降诏书，也就是承认了南宋只是金国的属国，承认了金、宋之间的君臣关系。绍兴九年（1139），赵构下了两道诏书，宣扬"和议"的成功，并附有大赦的条款。

金国在签订"和议"书后，并未对南宋信守承诺，而是有了撕毁条约，再以大军南侵的意图。宋廷君臣商议后，决议北上抗金。赵构在收到金兵不断向河南、陕西进军的消息后，在一个月之内连发数道御札督促岳飞作出应急的军事准备。御札中提道："卿之一军……左可图复京师，右可谋援关陕，外与河北接应。"由此可见南宋王朝是多么倚重岳飞和岳家军了，几乎是把抗拒四路南侵金军的重任一并交付给他们了。

绍兴十年（1140），南宋政府把岳飞的官位晋升为少保，从此，人皆呼岳飞为岳少保。岳家军此次进军，英勇出击，取得了不少战役的胜利，南宋朝廷也曾发诏奖励。在战场上，岳家军的每支部队、每名将兵，都表现出了有进无退的精神，全都具有"守死无去"的决心，结成牢固的屹然不可冒犯的严阵。金人对岳家军的评价是：撼山易，撼岳家军难！

赵构眼见着武将们因为战功声威日赫，担心如果不加以节制就会对朝廷产生威胁。兼之岳飞、韩世忠诸人都反对宋金议和，所以赵构和秦桧合计收了韩世忠、张俊、岳飞三大将的兵权。在这之后，张俊向秦桧示好，两人不久便合谋对韩世忠和韩家军开刀。他们原本预计拉拢岳飞，共同对付韩世忠，但岳飞反对他们的作为，这事便没能成功。张俊和秦桧便将矛头转向了岳飞。开始对岳飞和岳家军下手。

绍兴十一年（1141），万俟卨弹劾岳飞，赵构看到奏章后，丝毫不加分辨，认为所说全是事实，秦桧也附和。八月，御史中丞何铸和殿中侍御史罗汝楫又相继上疏，内容和万俟卨奏章中的大致相同。到了这一步，岳飞只好提请辞职。八月八日，赵构下诏免去了岳飞的枢密副使之职，给了他一个万寿观使的空名义。岳飞于此际离开杭州，回到庐山去了。

岳家军的将领中，有一名叫王俊的副统制，人称王雕儿。这个称呼是形容他反复奸诈、喜欢出卖同僚的特性。他在岳家军中任副统制，是军中的害群之马。张俊意欲加害岳飞，便暗中联络此人，让他作《告首书》，诬陷张宪谋反。张宪是岳飞部将，深受岳飞倚重，他们诬赖张宪，剑指的正是岳飞。

《告首书》诬告岳飞最倚重的部将张宪要领兵到襄阳

岳飞纪念馆

去造反，张俊便派人拿了张宪，严刑逼供。他们更进一步诬陷是岳云唆使张宪谋反的，而岳云给张宪的信件已经被张宪烧掉了。于是岳云也被捉拿，和张宪一起被押解到杭州的大理寺中。

此处说明一下岳云的身世。《宋史》载，岳云是岳飞养子，这是不符合事实的。岳飞有五个儿子，长子岳云和次子岳雷均是岳飞第一任妻子刘氏所生。刘氏在岳飞行军打仗的时候另嫁他人，岳飞之孙、岳霖之子岳珂对此讳莫如深，便将岳云说成是养子。《宋史》采用了岳珂的说法，才有了后世不尽的误解。

起初，岳飞不知道岳云和张宪被诬陷入狱的事，其后，秦桧将岳飞也捉拿到杭州。秦桧先后派了何铸、万俟卨审理岳飞的案子。何铸就是前文提到的弹劾过岳飞的御史中丞，在看了诉状后，他对秦桧说道："我的心意也绝不是要对岳飞进行维护，而是认为，现在大敌当前，无缘无故地就把一员大将置之死地，这一定会大伤将士之心。从国家的长治久安着想，是不应该这样做的。"秦桧听了何铸所言，很不高兴地说："这是今上的意思！"

之后换了万俟卨审理，万俟卨将张俊、王俊等捏造的案卷放到桌上，直接向左右喝道："提逆犯岳飞！"不出一刻，岳飞被带到庭上。何铸并未对岳飞用刑，所以此时的岳飞只是戴着镣铐枷锁。他直挺挺地站在堂上，气势凛凛。万俟卨一见岳飞如此英雄气概，嫉恨之心更甚，立时喝道："朝廷有什么亏待你的地方，你们父子要伙同张宪造反？"

岳飞气得血脉偾张，愤然说道："飞对天盟誓，绝对无负于国家！你们既是主持国法的人，切不应当陷害忠良！你们如果要把我诬陷至死，我到冥府也要与你们对质不休！"

……

秦桧着意构陷，赵构放任不管，审理结果可想而知，篇幅所限，此处不详细讲述了。审理到最后，岳飞长叹道："我到现在才知道，我已然落入国贼秦桧的手中，让我为国尽忠的一切都成了犯罪！"

与岳飞一样被秦桧忌惮而欲除之后快的还有当时的枢密使韩世忠。岳飞被冤下狱后，韩世忠去见秦桧，问他道："王俊在《告首书》中所告发的一些事，究竟有哪些是可靠的？"秦桧见韩世忠直入主题质问他，一时也没了气势，只得含糊其词道："岳飞之子岳云与张宪的书信往来虽然已经被毁，内容不明，但这件事，莫须有？"韩世忠听了气得拍案而起，恨恨地盯着秦桧，半晌方道："相公，'莫须有'三字，何以服天下？！"

"莫须有"，有还是没有，秦桧心里清楚，韩世忠也清楚，谁又不清楚呢？可就是在这样的情形下，岳飞、岳云、张宪还是全部被害了。这一天是绍兴十一年（1141）腊月二十九，经过两月的逼供和构陷，岳飞的死刑还没有定下来。秦桧甚感不安，已经费了这么大的气力，无论如何他都想在过年前杀了岳飞。但没有旨意，他也不好贸然下手。

秦桧在书房吃着柑子，手里把玩着柑皮，心里盘算着该如何处理此事。这时，秦桧的妻子王氏走了进来，见秦桧若有所思，情知他是在思量岳飞之事，便拍着他的肩头，诡笑道："老汉何必这样没有决断，你要知道，擒虎容易，放虎难啊！"秦桧听了王氏的话，猛然清醒，即刻写了张纸条送往大理寺，密令杀了岳飞父子和张宪。

万俟卨等人遵令最后一次提审岳飞，逼迫他在供状上画押。岳飞知道这是他最后的时刻，便什么都没有再说，只是仰头看了许久朗朗的青天，然后在案上写下八个大字：天日昭昭，天日昭昭。这一日，岳飞被毒死，岳云和张宪也被斩首。

岳飞死后，有一名叫隗顺的狱卒，痛惜岳飞之死，就冒着性命危险把岳飞的尸体背出了城，偷偷埋到钱塘门外的九曲丛祠。还用玉环为他殉葬，并在坟墓旁种了两棵橘树作为标记。隗顺临死前，嘱咐他的儿子："他日朝廷求岳将军尸身而不能得，必会悬官赏，你就告诉官府：'棺材上有一个铅筒，上面有大理寺的刻字，是我埋的，这便是岳将军棺木的标志。'"后来，官府果然求购岳飞的埋葬之所，无所得后，便以官职为赏。此时，隗顺之子才告知了官府，找到后发现和隗顺临终所言吻合。

绍兴三十二年（1162）六月，孝宗赵昚即位。他对岳飞之死深感痛心，所以在即位之后，开始着手为岳飞昭雪。同年七月，孝宗下诏追复岳飞原职，"以礼改葬，访求其后，特与录用"。同年十月，便以正式文告宣布追复岳飞的"少保、武胜定国军节度使、武昌郡开国公等职，并食邑六千一百户，实封二千六百户"。岳飞之妻李夫人也恢复了楚国夫人的封号；长子岳云追复了左武大夫、忠州防御使等职，以礼附葬在岳飞墓旁；次子岳雷追复了忠训郎、阁门祗候等职；三子岳霖恢复了右承事郎的职务。次年，又发还了岳飞生前在江州所置办的田宅房产。

在恢复岳飞的生前官职后，过了近十年才开始拟定谥号。乾道六年（1170），湖北转运司上书给南宋政府，要为岳飞在鄂州建立庙宇，朝廷敕赐庙额为"忠烈庙"。

岳飞墓

到淳熙四年（1177），江东转运副使颜度上奏请为岳飞定谥。太常寺拟请"谥以忠愍"，孝宗没有同意，令重新拟定。后来太常寺复议，建议道："兹按谥法，折冲御侮曰武，布德执义曰穆。公内平群盗，外捍丑虏，宗社再安，远迩率服，猛虎在山，藜藿不采，可谓折冲御侮矣；治军甚严，抚下有恩，定乱安民，秋毫无犯，危身奉上，确然不移，可谓布德执义矣。合兹二美，以'武穆'为谥公，于是为称。"

孝宗也同意了这个谥号，便正式宣布，确定岳飞谥号为"武穆"。"折冲御侮曰武"意思是冲锋陷阵、抵御外敌可称之为"武"，定此字的依据是"公内平群盗，外捍丑虏，宗社再安，远迩率服"。"内平群盗"即指岳飞讨平李成、张用、曹成等军贼，以及收编起义军的事。岳飞攘外安内，使"宗社再安"，远迩之人皆服，方得谥号"武"字。"布德执义曰穆"主要指岳飞带兵严谨，对百姓秋毫不犯；又抚下有恩，安乱定民，便是"布德执义"。"武""穆"二字确切全面地表彰了岳飞的功绩和作风，得到了广泛的认可。

后来宋理宗认为"武穆"二字不能完全符合孝宗的本意，也不足以概括岳飞一生的功德，便将其谥号改为"忠武"。但"武穆"之号那时候已经通行了近五十年，广泛地被大众所接纳，所以新拟的谥号并没有替代原有谥号，至今，我们还是称岳飞为岳武穆。

嘉泰四年（1204），朝廷要对金用兵，宋宁宗便下诏，追封岳飞为鄂王，主要是想通过这种方式鼓舞六军士气。至此，岳飞的冤屈完全得到了昭雪。孝宗曾在召岳霖赐对时，宣谕曰："卿家纪律、用兵之法，张、韩远不及。卿家冤枉，朕悉知之，天下共知其冤！"

岳飞因为功绩受到百姓的崇敬并祭祀，也因为他的冤屈让人痛惜而要替他抱不平。目前国内有四大岳飞庙，杭州的岳飞庙是与岳飞墓在一起的，这也是岳飞遇害的地方，所以这座祠庙内涵更为丰富。

杭州的岳坟及岳庙又有怎样的故事呢？

话说当日官府找到岳飞尸身后，依孝宗之谕，以礼改葬到了栖霞岭，岳云附葬在父亲旁边。如今的岳坟依旧在栖霞岭，虽然岳王祠庙时有兴废，但岳坟墓址一直没有改变。

最开始的岳王祠，是在此次迁葬后修建的。嘉定十四年（1221），岳珂勘定北山下的智果寺与岳坟比邻，愿意自行创建为岳飞的功德寺，买田供瞻，请僧焚修，便奏请朝廷，乞朝廷给赐。于是朝廷下诏改赐紧邻岳飞墓的智果寺充为岳飞功德寺，并赐额"褒忠衍福寺"。这即是今天杭州岳王庙的始基。

宋景定四年（1263）至咸淳三年（1267）间，岳飞的曾孙岳通策划创建岳王祠堂，重建了褒忠衍福寺，共计佛殿一所、神祠四件、法堂五间、过廊四间、穿堂一所和屋数十件，至此，岳飞的坟寺始成规模。此外，岳通还购置了五十余亩田产，用于坟寺的修葺维护，还刻碑警示岳氏子孙，所有亩产不得转卖，祠祀有倾必修、有漏必补。但在宋亡后此寺便荒废了。

进入元朝后，岳庙有两次大规模的兴修。先是元大德五年（1301），江西九江的岳飞六世孙岳士迪受岳氏后裔委派，到杭州修复岳飞坟和褒忠衍福寺。他联合宜兴岳氏，合力修复了荒芜的岳庙，共耗时四年，坟、寺得以恢复旧貌。

再一次是至元年间（1335—1340），天台僧人可观向官府呈请了岳王庙修复事宜，郑明德为他执笔写疏。当时的杭州经历李全初，看到奏疏后慨然应允，重新兴建。庙内塑了岳鄂王像，并将其子岳云、岳雷、岳震、岳霖、岳霆之像附在旁边，后殿有岳王父母、李夫人和女儿"银瓶娘子"的塑像。后来，庙毁于火。

明洪武四年（1371），正祀典称"宋少保鄂武穆王"，在原寺址上复建岳王庙，并于十二月二十九日进行了祭祀，这是岳飞遇害的日子。明景泰间（1450—1457），杭州府同知马伟修饬祠墓，向朝廷请旨，朝廷赐春秋致祭及"忠烈庙"额。

弘治二年（1489），工部主事林沂驻节杭州，在庙西改建"翊忠祠"，奉祀刘允升和施全。刘允升是曾为岳飞讼冤的布衣，施全是殿前司使臣，曾因不满岳飞冤狱而行刺秦桧，两人都是因岳飞之冤而被秦桧所杀，所

岳王像

以立祠祭祀之。

弘治十四年（1501），镇守太监麦秀率僚属重修墓、庙，将岳飞《送紫岩张先生北伐》的诗碑立于东庑，此碑是杨子器在任昆山令时所刻。麦秀本人又命浙江提学副使刻了岳飞《满江红》词，立在西庑。右偏殿有流芳亭，里面放置了石刻岳王像。这时岳云所用的铁枪犹在。

正德四年（1509），镇守太监刘璟见岳庙围墙坍塌、屋宇倾圮，便捐资和地方官吏协力重修，并在庙外建立石牌坊一座，上书"精忠祠"。正德八年（1513），铜铸了秦桧、王氏、万俟卨三人像，此三人反绑着双手跪在阶前的平台上。正德十二年（1517），镇守太监王堂重新塑岳王、李夫人、五子一女像，置于后殿，匾额题"一门忠孝"。

嘉靖三十七年（1558），侍御史胡宗宪巡浙时前往拜谒岳庙、岳坟，并借着岳飞的尽忠报国精神激励将士，随后兴师抗击沿海倭寇。凯旋后，胡宗宪累升为浙江总督，他再拜岳王庙，并命地方官吏修葺祠庙，还捐资在正殿前增建华屋四间，围以石栏，称之为"坛所"。

清顺治八年（1651），巡抚都御史范承谟捐钱重修。康熙二十一年（1682），殿宇倾塌，两淮转运使罗文瑜出资，与御史顾且庵、钱塘迟侯合力重建。于次年完工，新祠为正殿五间，大门三楹，廊屋数间，高墙环绕，恢复了岳庙旧观。

康熙三十一年（1692），知府李铎见岳飞祠墓久而未新，于是决定重修祠墓，并复建启忠祠。几年后，李铎见庙宇建筑受到风雨剥蚀而漫漶不治，又与郡人合力再修。在正殿前复建忠烈祠，两庑塑张宪、牛皋二像，配祀岳飞。张宪和牛皋都是岳飞的部将，跟随岳飞转战南北，战功卓著。张宪是在岳飞案中一起遇害的，牛皋后来也死于秦桧之手。又塑岳飞五子、五媳及银瓶娘子、孙子岳珂等人的塑像，列于寝殿内。这次重修，李铎疏浚泉水，筑建石桥，桥边华表耸峙，规模宏丽，创所未有。

康熙五十四年（1715），总督范时崇发文书要求郡县重建。这范时崇便是范承谟的儿子。雍正九年（1731），总督李卫重修，建石坊于祠前，题字"碧血丹心"。乾隆十六年（1751），清高宗乾隆南巡，御题庙额。

嘉庆六年（1801），浙江巡抚阮元重修。阮元晚年官拜体仁阁大学士，致仕后加官至太傅，政绩斐然，兼是著名学者。咸丰十一年（1861），太平军攻克杭州，岳庙陷于兵火，以至于坟墓荒芜、祠宇倾颓。同治四年（1865），布政使蒋益沣询问故老，访求残碑，捐资重建，殿堂得以恢复前制。

岳王庙前的"碧血丹心"牌坊

以上是岳王庙历代的兴废史。

现在的岳王庙和岳坟同在一处，位于栖霞岭南麓，庙宇坐北朝南，依山面湖，是一组古朴雄伟、庄严肃穆的清代风格建筑群。岳庙被国务院列为全国重点文物保护单位，随着西湖被列入世界文化景观遗产名录，岳飞庙作为杭州西湖文化景观的忠孝文化代表性遗迹，成为西湖的重要组成部分。

岳王庙占地二十三点五亩，建筑面积二千七百九十三平方米，总体布局分为忠烈祠区、启忠祠和墓园三个区域。岳王庙现存建筑为清康熙五十四年（1715）范时崇发文重建的。庙门外设一牌坊，上刻"碧血丹心"四字。岳王庙的门楼是一座清式重檐歇山顶木结构建筑，面阔五间，进深二进，带前后副檐；檐角飞翘，雕梁画栋，金碧辉煌，正中一匾，竖写"岳王庙"三字，门匾满雕海水云龙纹；正中一对廊柱上悬挂着"三十功名尘与土，八千里路云和月"对联。

穿过大门，有二十三米长的甬道，两侧松柏森然，庄严肃穆。甬道的另一端是岳王庙正殿忠烈祠大殿。此殿是重檐歇山顶式建筑，基座较高，垂带式台阶，使建筑形象更为高大、庄重。檐间悬"心昭天日"匾，是叶剑英元帅所书，这四字来自于岳武穆遇害前在供状上写的"天日昭昭"。

大殿正中是彩色的岳飞戎装坐像，头戴金盔，身披紫色蟒袍，臂露金甲，右手握拳，左手按剑，威武庄严。其上有岳飞手书"还我河山"巨匾，两侧悬挂着赵朴初撰写的一副对联："观瞻气象耀民魂，喜今朝祠宇重开，老柏千寻抬望眼；收拾河山酬壮志，看此日神州奋起，新程万里驾长车。"殿内还有沙孟海、刘海粟、启功、在殿内的东侧山墙上，镶嵌着两块巨石，上刻着"尽忠"二字，对侧西墙上，刻着"报国"二字，落款是"莆人洪珠书"。明嘉靖十四年（1535），巡按浙江侍御史张景仰慕岳飞的报国精神，认为岳飞一生无愧于他"尽忠报国"的誓言，就令参政洪珠书写了这四个字，并请人将它刻成碑，立于岳飞墓之南，后来这四块巨石被移入忠烈祠大殿。

庙内西边是岳飞墓，墓碑刻有"宋岳鄂王墓"字样，旁有其子岳云墓。墓道两侧有明代刻存的文武俑、石马、石虎和石羊，墓道阶下有秦桧、王氏、万俟卨、张俊四跪像；墓前一对望柱上刻着"正邪自古同冰炭，毁誉于今判伪真"的对联；墓阙后重门旁是"青山有幸埋忠骨，白铁无辜铸佞臣"这副著名的对联。

在忠烈祠通往岳飞墓的两扇拱门之间，有一座依墙而建的攒尖顶木结构半亭，出露四个翘角，前檐匾额为"精忠柏亭"。亭内台基上放置八段大小不一的树化石，木纹清晰，这即是"精忠柏化石"。台前立着清光绪元年（1875）刻的石碑，碑上刻着一棵挺拔苍老的枯柏，右上方有吴廷康篆题的"精忠柏台图"五字，左下方为彭玉麟的题赞："精忠有柏，名成岳武。在浙司狱，宋大理府。昔风波亭，今土地庑。……"碑阴是俞樾撰写的《精忠柏台记》。

这棵枯柏的来历，与岳飞遇害有关。相传南宋大理寺监狱内有座风波亭，亭畔有一株古柏，岳飞被害后，这棵古柏突然枯死，但坚如磐石，僵立不扑。人们认为这是岳飞"尽忠报国"精神和坚贞不屈民族气节的象征，故而称之为"精忠柏"。

"尽忠报国"照壁

　　同治十三年（1874），司狱吴廷康在大理寺狱址附近挖掘到了几段精忠柏，他又找到原风波亭故址，垒土为台，将这几段古柏置于台上，称"精忠古柏台"。后来，吴廷康另据范正庸所绘的"精忠柏图"重新镌刻，立了上文提到的"精忠柏台图"石碑。进入20世纪以后才移到如今的岳庙内，并建立精忠柏亭加以保护。

　　西北方向是启忠祠，始建于天启四年（1624）。正殿原祀岳飞父母像，东庑祀岳飞子岳云、岳雷、岳霖、岳震、岳霆，西庑祀五媳及武穆王女儿银瓶。岳武穆父亲岳和，史书记载他"能节食以济饥，有耕者侵其地，割而与之，贳其财者不责偿"，意思是岳和节食省出来的粮食用来救济饥民；有人侵占耕种了他的土地，他就把地割让给对方；有人借了他的钱他也从不让对方归还。岳飞母亲在绍兴五年（1135），被封为鄂国夫人。咸丰十一年（1861），祠毁，同治年间（1862—1875）重建。

除了启忠祠与岳王庙有关之外，还有祭祀岳武穆女儿银瓶娘子的忠祐庙、祭祀武穆长子岳云和嫡孙岳珂的忠孝祠、祭祀岳云和张宪的忠烈二侯祠、祭祀张宪的张烈文侯祠和资福庙。延存至今的有启忠祠和资福庙，其他的都已湮没。张烈文侯即是张宪，他死后被追封为烈文侯。

忠孝祠是万历三十五年（1607），杭州推官胡来朝采纳高应科的建议立的祠。万历三十六年（1608），参政陈邦瞻附岳王女儿银瓶娘子像致祭。

忠烈二侯祠在众安桥南枣木巷，武穆死时，张宪岳云二人就戮于此，里人怜悯他们的冤屈，立祠祭祀。咸丰十一年（1861），祠毁。光绪三年（1877），仁和县县丞吴廷康重建。

张烈文侯祠在东山巷口，正德十五年（1520）即张宪墓址所建的祠庙。康熙十年（1671），巡抚范承谟重建。城内祖庙巷有天下都土谷庙，也是奉祀张烈文侯的。

忠祐庙在枭署门内左偏，是在武穆王故宅旧址上建立的。开始祭祀的是武穆王，后来祭祀银瓶娘子。关于银瓶娘子，历来争议颇多，清末著名学者俞樾曾加以考证。

因为《宋史》未曾提及银瓶娘子，所以许多人认为岳武穆没有这个女儿。据俞樾考证，银瓶娘子在许多典籍中有记载，不能认定没有这个人。综合有关记载，笔者推测银瓶娘子是岳武穆幼女，银瓶是她的号，而非名字。传说岳武穆死时，银瓶年仅十三岁。岳王下狱，银瓶哀愤，欲去宫阙鸣冤而不能，遂怀抱银瓶，赴井而亡。

绍兴三十一年（1161）以岳武穆王故宅立土神祠祀

武穆王。元朝至正年间（1341—1370），附祀银瓶于祠，呼此祠为银瓶娘子庙。正德十四年（1519），按察使梁材在银瓶坠亡的井上修筑了一座亭，取名为"孝娥井"。提学刘瑞有铭文，春秋宪臣祭祀，同治中重建。

著名历史学家王曾瑜先生这样评价岳武穆王："为着光复故土，南北重新统一，维护文明和进步，岳飞不屈不挠地奋斗了后半生，直至生命的最后一息，仍履践着自己'尽忠报国'的誓言，表现了一种崇高的爱国精神和民族气节。"[①]

随着民族大一统的发展和时代的改变，我们对岳武穆的定位会稍有不同，但对他的评价却无半分减损，他依旧是爱国、爱民、勇武的值得我们崇敬的英雄。

参考文献

1.〔清〕陈璚修、王棻纂，屈映光续修、陆懋勋续纂，齐耀珊重修、吴庆坻重纂：《杭州府志》，民国十一年（1922）铅印本。

2.邓广铭：《岳飞传（增订本）》，人民出版社，1983年。

3.〔清〕冯培辑：《岳庙志略》，光绪五年（1879）刻本。

4.李慧敏、沈立新主编：《杭州西湖岳王庙志》，杭州出版社，2012年。

①王曾瑜：《尽忠报国——岳飞新传》，中国书籍出版社，2016年，第298页。

文昌阁：扬杭城一郡文风
慰天下莘莘学子

吴山城隍庙之左，有庙名文昌阁。文昌阁内供奉的是文昌帝君，又叫梓潼帝君。文昌帝君的职权比较复杂，但吴山文昌阁后期的主要功能是"挽天下文柄"，即掌科举事，所以文昌阁一侧有状元廊。

关于梓潼帝君的传说较多，通常的记载是他为蜀地人，也有记载称其为蜀地蛇。《太平广记》言梓潼县有张恶子神，神庙即是蜀中神话传说五丁拔蛇的处所。也有人说是巂州张生饲养的蛇，当时的人称其为张恶子，立庙祭祀此蛇，很是灵验。

关于梓潼是蛇一说，还有一个衍生故事。五代时期，蜀王王建的世子王元膺聪明博达，骑射绝伦，但相貌有些异样，因为牙齿常常外露，眼睛似蛇而黑色，凶恶鄙亵，又常整夜不睡觉。这些描述皆表达了元膺的长相和习性类似蛇。后来元膺谋逆伏诛，就诛的当天夜里，梓潼庙的庙祝被张恶子斥责道："我许久在川中，今天方归，你何以使庙宇荒秽到这样的程度？"于是当时的蜀人都认为王元膺是庙蛇成精。

祠庙奉祀神物的情况比较少见，多是祀人或神灵，也有先祀人，后来封为神的。这也是梓潼帝君的另一种传说。据多种志怪类文献记载，梓潼神姓张名亚子，越嶲人，后徙居到梓潼七曲山。相传梓潼生于二月三日，在西晋做官，后来战死，时人便立庙祭祀他。

安史之乱时，唐明皇西狩入蜀，传说梓潼神在万里桥迎接他，明皇便追封张亚子为左丞相。黄巢起义后，唐僖宗又逃入蜀，传说梓潼再度相助，由是获封济顺王，僖宗还解下佩剑赠予梓潼神。又有传说宋真宗咸平三年（1000），益州王均起义，真宗派兵镇压，忽然有人呼喊道："梓潼神遣我来！"九月二十日，益州城破，王均自杀。第二年，益州将梓潼助战的情形上报朝廷，梓潼被追封为英显王。这些传说当是出于封建统治的需要。梓潼此时还不是文昌帝君。文昌帝君又称更生永命天尊，是中国民间和道教尊奉的掌管士人功名禄位之神。文昌即文昌星，古时认为是主持文运功名的星宿。

据学者俞樾考证，梓潼文昌帝君即是梓潼文君，张恶子也是附会之说。据俞樾所言，梓潼文君在东汉初便有了。文君是梓潼人，官任益州太守，王莽、公孙述征用他，他拒而不受，是位贤者。他的儿子文怵是北海太守，父子相继，掌管大郡。梓潼文氏便是蜀中大族，俞樾据此推断，梓潼文君的祠庙必定是自益州始的，应当是文君殁后，益州百姓立庙祭祀他。

相延数百年后，梓潼文君的祠庙遍布蜀中，流俗讹传，将梓潼文君之神附会为文昌之神了，如今这种说法传遍天下。而文昌宫，当是梓潼文君的家庙，开始只是文氏后人奉祀，后来延及川中。而文君振兴文教，人又忠义，乃聪明正直之人，相较张恶子，文君被奉为文昌君更符合祭祀正义的传统。

　　道家声称天帝命梓潼掌管文昌府事及人间禄籍，加号帝君，于是天下学校也有祠祀。明弘治元年（1488），礼部尚书周洪谟认为梓潼显灵于蜀地，他的庙食以在蜀中为宜，而文昌六星与梓潼并无干系，宜敕罢免。同时天下学校有祠祀梓潼者，也应予以拆毁。

　　周洪谟所说的梓潼帝君是张亚子，俞樾认为周洪谟等礼部官员做这个决定是因为他们不知道梓潼神是梓潼文君。虽然关于梓潼神的身世传说繁多，难以定论，但流传最广的还是张亚子一说。《文帝本传》记载了文昌十七世投生为士大夫的事，而且每一世都有记录，从周初一直到南宋，而西晋时期便是投生为张亚子，南宋的则是南宋名将张俊。

　　按道家说法，天帝封文昌为开化主宰、上仙元皇，统领神仙人鬼生死爵禄等事，居住在真庆宫桂香殿，与诸内宫仙妃玉女颐养灵和。文昌曾言："吾以历劫化身，

文昌阁

证位天帝，主宰儒宗。"

以上林林总总，可知关于文昌帝君的身世众说纷纭，莫衷一是，但文昌掌管禄事是确定无疑的了。因为文昌本是天上六星，在北斗魁前，为天庭六府，主司禄。"帝君"的封号，起始于元仁宗。延祐三年（1316）七月七日，梓潼被封为辅元开化文昌司禄宏仁帝君。文昌阁有联云："天上星辰司福禄，人间运数属文章。"于是便有了无数学子拜梓潼帝君祈求功名的现象了。

吴自牧的《梦粱录》中记载了吴山承天观梓潼帝君的香火盛况，这是吴山文昌阁的前身："凡四方士子求名赴选者悉祷之，封王爵，曰惠文忠武孝德仁圣王。是南宋行都已立此祠也。"

虞集的《广州路右文成化庙记》也写了文昌阁广受推崇："天官书以斗魁戴匡六星为文昌之宫，征文治者占焉……是以缙绅大夫士多信礼之，而文昌之祠，遂遍郡邑……而朝廷设进士科以取士，文风大行，人谓神实主之。"

由这些记载可知，因为文昌主司福禄、掌管文柄，所以信礼参拜文昌君的缙绅学子络绎不绝，文风大盛。因求告于梓潼而得功名的记载颇多，此处摘《夷坚丁志》中的一则。

何文缜丞相应举之前，从仙井出发前往京师，路过梓潼。他原计划拜谒梓潼帝君却忘了，走过了十里路才发觉，遂下马望着梓潼庙参拜，同时心中祷告。这天夜里，何文缜梦见自己进入梓潼庙，梓潼神端坐在帘子中，向外投出一卷文书。何文缜打开文书翻看，发现书中全是帝王的诏命。醒来后他只记得其中的三句："朕临轩策士得十人者，今汝袖然为举首，后结衔具所授官。"
何文缜思量道："廷试所取大约五百人，此文书说十个
人，大概是戏耍我的。"等到唱第的时候，果然多人夺魁。
第一甲原本放了九人，后来傅崧卿被擢甲科，便足了十
人之数。何文缜恰如梦中文书所言，得了进士第一名，
即举首。

凡记载的故事，都是为了说明梓潼的灵验。但科举
能否得中跟求神拜佛是没有任何关系的，发奋苦读才是
夺魁的唯一途径。时至今日，科举早废，但文昌帝君祠
庙的盛势犹似往昔，庙宇遍及全国各地，庙貌的建制规
模也颇恢宏。

吴山文昌阁始建于南宋端平三年（1236），嘉熙年
间（1237—1240），蒙古军大举入蜀，成都城破，很多
蜀民迁徙到钱塘。蜀人牟子才等上奏疏请立文昌庙于吴
山。牟子才此举或许与梓潼帝君帮助平定兵乱的说法有
关，即前文提到的助力唐僖宗和神助益州的事。他们此
时立文昌庙，应该是寄希望于梓潼帝君再度发挥神力帮
助御敌。牟子才是四川井研人，嘉定十六年（1223）进士，
宋代官吏、学者，累迁至礼部尚书兼给事中、端明殿学士，
以资政殿学士致仕。端平三年建的文昌阁在承天观内，
牟子才等则是请立文昌庙于吴山。

宋建的文昌庙于元末毁坏，明初重建。清康熙
二十五年（1686）庙再毁，巡抚都御史金鋐复建。乾隆
四年（1739），祠庙进行过修葺。嘉庆六年（1801），
文昌庙方才入祀典，每年春秋两季的第二个月致祭。

除了吴山的文昌庙，杭州历史上还有其他的文昌庙。

一在西湖集庆寺的旁边，是万历十三年（1585）巡

抚温纯始建，郭子章撰写了记文。温纯是陕西三原人，嘉靖进士，官至左都御史，逝世后赐谥"恭毅"。一在孤山，当时的文昌庙一侧有四贤祠，这是万历间南赣区巡抚、杭州人洪瞻祖修的，后毁。康熙间，两江总督范承勋、浙江布政郎洪瞻祖重建。洪瞻祖是万历间进士，官至南赣巡抚，逝世后追赠太子少保、兵部尚书。范承勋是范承谟的弟弟，范氏一家几代人在杭州多次修葺古迹。又在贡院东有佑文祠，俗称文昌阁，是康熙二十九年（1690）巡抚张鹏翮所建。张鹏翮是四川人，官至文华殿大学士。在观桥西还有一座文昌祠，是雍正八年（1730）总督李卫建在紫阳书院山顶的，建成后奉了孤山旧文昌祠的像到此。

在吴山的文昌阁南边，有火德庙遗址，为了便于读者游览，此处将火德庙历史也进行简述。吴山火德庙是南渡后建立的，供奉的是"荧惑之神"。荧惑指火星，由于火星荧荧似火，行踪捉摸不定，因此我国古代称它

文昌阁风光

为"荧惑"。

明初洪武年间和永乐年间，吴山火德庙两次重建。康熙二十五年（1686）庙毁，巡抚都御史金鋐重建。此庙是和文昌阁一起重修的。雍正六年（1728），总督李卫重修。同治三年（1864），布政使蒋益沣重修，同治十年（1871）和光绪二年（1876）相继进行过修葺。

由上述历史记述可知，在清末的时候火德庙仍在修葺维护，距今也不算太远。晚清到民国战事频繁，许多建筑物毁于兵祸。如今火德庙虽然只剩下遗址，但它也是有过繁盛的过往的，湮灭的其他文昌祠亦如是。

读书人辛苦多年，只盼着一朝登榜，文昌君给了无数学子希望，在古代也是有很大功劳的。

参考文献

1.〔清〕嵇曾筠等监修，沈翼机等编纂：《雍正浙江通志》，文渊阁《四库全书》本。

2.〔清〕陈璚修、王棻纂，屈映光续修、陆懋勋续纂，齐耀珊重修、吴庆坻重纂：《杭州府志》，民国十一年（1922）铅印本。

3.宗力、刘群：《中国民间诸神》，河北人民出版社，1986年。

于谦祠：粉骨碎身浑不怕
已留清白在人间

　　位于西湖三台山麓的于谦祠是杭州市第五批爱国主义教育基地，经过几年的规划与建设，已形成了包括于谦祠、于谦墓、墓道、牌坊等文物建筑与自然山林、绿地相结合的于谦祠景区。和杭州其他祠庙祀主不同的是，于谦本人是地道的钱塘人。他是永乐十九年（1421）进士，历任河南、山西等地巡抚，官至少保，世称于少保。

　　现存的于谦祠为传统型的祠堂建筑，白墙灰瓦，朱漆大门，门匾隶书"于忠肃公祠"几个大字。祠堂共有三进，为前殿、正殿和后殿，前殿与正殿间，有南北厢房各一，厢房北面另有配殿一间，建筑面积九百多平方米。前殿辟为序厅，殿门两侧楹联是林则徐所撰："公论久而后定，何处更得此人。"上悬"百世一人"匾额。

　　嘉庆、道光之际，林则徐曾两度在浙江杭州任职。道光初，林则徐再赴杭州任职，恰逢于谦祠重修。祠庙竣工后，他写下记文，又亲撰上述楹联，置于殿门两侧。这是一副集句联，均出自《明史·于谦传》。上一句见传末《赞曰》："公论久而后定，信夫！"此句说的是于谦被冤杀，后来又平反追封的事情，此事将在后文讲述。下一句讲的是公道自在人心。当有人说景帝宠爱于谦太

于忠肃公祠

过，太监兴安回答："即彼（指于谦）去，令朝廷何处更得此人？"殿门上面的"百世一人"四字匾额可谓片言居要，一锤定音。

有学者认为"百世一人"是林则徐对于谦的评价，但其实张宁在《旌功祠碑记》中已经作了此番评价："式昭久远，越惟自昔。人臣才高、任重、功大、冤极。劳生于艰危，罔死于平治。肃愍公百世一人。""劳生于艰危，罔死于平治"意指于少保在艰难危急时刻辛劳，在平安治世罔死，是"才高、任重、功大、冤极"，确系"百世一人"。

这个评价源自于谦的不世之功：他以力挽狂澜之势坐镇危明，保住了大明江山。这是于谦一生最为光辉伟大的功绩。正统十三年（1448），于谦任兵部左侍郎。第二年，瓦剌也先入侵，太监王振怂恿明英宗朱祁镇亲征，结果在土木堡被瓦剌所擒。国主被擒，京师大震，大家

殿门匾额"百世一人"

立时没了主意。

当时是明英宗的弟弟、郕王朱祁钰监国，他便召集群臣在大殿商议对策。

"皇帝被俘，到底该战还是该守？卿等快快拿个决断出来。"郕王焦急地问殿上大臣。

群臣叽叽喳喳半天，才有人站出来说道："臣观天象有变，以为应当南迁避祸。陛下亲征尚且不敌外虏，况且如今京师的劲甲精骑尽都陷落，剩下的残兵不足十万，人心震恐，如何抵挡得了瓦剌也先。"提议的正是侍讲徐珵。这个徐珵就是后来逸杀于谦、王文的徐有贞，此时他任翰林院侍讲。

"说要南迁的，就该斩了！"于谦喝道，"京师是天下根本，一动就大事去了！难道不见宋廷南渡的事吗？"

郕王点头道："于卿说得有理。"

于谦接着说道："请王爷发檄文调取两京及河南备操军、山东及南京沿海备倭军、江北及北京诸府运粮军，命他们立即奔赴京师。"

"就按于卿所奏。本王以监国之名擢升于卿为兵部尚书，抗敌一切事宜皆听于大人调度。"郕王临战点将道。众人看于谦这般经画部署，心才稍安。

大敌当前，于谦并未谦让，当即领命，着兵部主事起草檄文。

这次土木堡之变，祸皆在宦官王振。此时郕王摄政，英宗被俘，群臣便请诛杀王振全族。王振的党羽、锦衣卫指挥使马顺，闻言便骂起了言官。

"陛下不在，你们岂敢诛杀翁父全族？"翁父是王振的奉承者对他的称呼。

"若非你们这些奸佞逸言祸国，事情又怎会到这个地步？"给事中王竑气愤不已，说着几步奔到马顺身旁，扯住他厮打起来。群臣看见王竑动了手，也都跟着上去殴打马顺。瞬时朝班大乱，护卫喝止的声音响彻殿堂。

郕王见了这阵势，吓得起身要回后堂。于谦奋力挤开众人，到郕王身边，挽住郕王胳膊，在他耳畔说道："王爷切不可走，此时正需要你坐镇。马顺等人论罪当死，无须再论，请王爷宣谕。"最后，马顺被群殴致死，于谦的两只袖子也都被撕裂。这样的朝堂斗殴真是前所未有，史称"午门血案"。

当时皇帝被敌军俘虏，朝堂大臣厮打成一团，监国王爷被吓退，于谦作为兵部尚书衣袖都被撕裂，如此情形如果不能镇压下去，顷刻便是国家覆亡之祸。午门血案之后，不论是郕王还是众大臣，都倚重于谦，于谦也以社稷安危为己任，既不推责，也不居功。

除了阻止南迁外，于谦还以兵部尚书的身份部署防线、指挥军队，抵御了瓦剌大军的进攻。自从发生"土木堡之变"，于谦誓不与敌人共生，夙兴夜寐，忧国忘身，经常住在值班处所，不回私第，且他自奉简约，所居仅蔽风雨。朝廷在西华门赐给他一处宅第，他坚辞不受，说："国家多难，臣子何敢自安！"

我们在生活中做的一切努力，都是为了改善自己的生活，或名或利，总是图一样。但于谦丝毫不记较个人得失，鞠躬尽瘁，都是为了国家，为了百姓，何其伟大！他甚至置生死于度外，说着"粉骨碎身浑不怕，要留清白在人间"，最后一如其言。

正因此，于谦祠才成了爱国主义教育基地。

于谦祠序厅的正中立着一块巨大的石灰岩，上面镌刻着前言。石灰岩造型即取意于上文提到的那两句诗，诗句出自于谦青少年时所作的《石灰吟》。原诗是："千锤万凿出深山，烈火焚烧若等闲。粉骨碎身浑不怕，要留清白在人间。"两侧墙上陈列于谦年表、于谦世系表，以及一张绘于清代的于谦夫妇像。

正殿是于谦祠的主体部分，大殿正中是一座于谦全身立像，于公威严肃立，双目炯炯，正气凛然。像后衬以由徐向前元帅书写的《石灰吟》壁面，塑像上方悬挂着乾隆的御题匾额"丹心抗节"，黑底金字。殿柱上悬挂着数副颂扬于谦不朽功绩的楹联，均是明清时期的名家所撰，经当代书法家题写。

大殿墙面为两幅大型浮雕壁画，左侧是"北京保卫战"，右侧是"土木堡之变"。每幅画相对独立，但在整体上又呵成一气，场面颇为凝重、壮观。前殿与后殿间的天井里，赫然立着一尊威武的铁犀牛，周身乌黑，独角朝天，背上铸有于谦亲撰的《镇河铁犀铭》，这是于谦勤政爱民、治理黄河的一个见证。

天井右侧有口井，井旁立碑，名为"忠泉"。后殿匾额是"万古流芳"，殿内陈列于谦生平事迹，采用图版和照片相结合的形式，分"少年壮志""勤政廉明""保卫北京""永垂青史"四个部分，详细介绍了于谦高尚的品格、卓越的功绩以及悲壮的人生。两侧的陈列柜中，分别展示了于谦的著作和历代有关于谦的评述著作，有《于肃愍公集》《于少保萃忠全传》《于忠肃公祠墓录》等。

碑堂里还保存着明清两代的石碑，分别是四块大碑（弘治、嘉靖、万历、康熙）及一块乾隆年间的残碑。碑文包括嘉靖间的张宁撰文《旌功祠记》，万历间陈继儒的《重修忠肃于公墓记》，康熙间李铎的《于忠肃公祠墓碑记》等。

祠内又有座偏殿，就是祈梦殿。在明清时期的杭州，盛行到于谦祠祈梦的民俗。士子、商贾、农人热衷于到三台山于谦墓祠中祈祷，将于谦神话，求其降下灵梦，明示前途。《万历钱塘县志》载："四方人祈梦以七宝山、三台山为九鲤湖。因试事祈者甚多。盖周公新郡城隍，于公谦都城隍也。周公寒铁之面，于公金石之心，当不在九泉之下矣。或以为山灵。"

于谦祠碑堂

　　九鲤湖是中华祈梦习俗的发源地，位于福建莆田。七宝山、三台山即是作为祈梦福地受到杭州百姓追捧，七宝山是城隍周新，三台山则是于谦。于祠祈梦风俗的出现，也许与这种于谦是城隍神的说法有关。城隍神可以预知未来或者揭示幽冥神秘的事情，并通过梦境告知世人，这样的观念在古代很流行。

　　于祠祈梦风俗的流行，也伴随着三台山于谦祠墓的历次修葺与扩建而广泛传布。弘治二年（1489），于谦被追谥肃愍，并敕建墓祠。万历三十年（1602），于谦改谥忠肃，设祭葺祠。关于这次改谥、修祠的经过，也有很多传说，其中一则记载在黄凤翔的《异梦记》中。

　　万历十七年（1589），黄凤翔时任礼部右侍郎，一夜，他梦见于谦派使者送信给他，醒来后只记得其中有这样两句诗："空山一泪凭谁寄，万古孤魂只自愁。"①不久，他就收到巡按御史傅孟春的上疏，奏请为于谦改谥。他

①参见《武林掌故丛编·于谦祠墓录·卷十》载《异梦记》。

123

认为，于谦之所以会托梦给自己，是因为自己曾经拜祭过于谦祠，并且题诗凭吊，因此被于谦引为知己。御史傅孟春的奏疏，收录于《于公祠墓录》卷三。当时巡抚浙江的都察院右佥都御史傅孟春，因为于谦曾孙于昆的请求，重修于谦祠，并认为原来"肃愍"的谥号并不合适，请改为"忠肃"。

不论是地方志、明清笔记中对于祠祈梦风俗的描写，还是流传的各种祈梦故事，都反映出汲汲于功名的举子士人，是参加祈梦活动的主要人群。但清代以后，越来越多的祈梦故事涉及商人和普通市民阶层的日常生活。清初陆次云在《湖壖杂记》中记载，康熙年间有一个举子前往于祠祈梦，遇到他的邻居正从祠中出来。这位邻居是为求子嗣来向于公讨梦的。他梦见一撮瓜子，不知何解，于公让他去问解元。这位举子为他释梦，所谓瓜子者，合而乃为"孤"字，因此无嗣。这位举子后来果然中了乡试第一。乡试为省一级考试，考试合格者为举人，第一名为解元。

清中叶以后，每年农历八月二十日的于祠祈梦已经成为杭州的一大盛事。"祠生因掾为利，刊有疏文，照所求意旨注入。晚供餐，朝供膳，并备有卧具，以应来者。晓亦代为解说，类多吉祥。止止之言，迨梦验日，其言盖河汉耳。"这里所说的"祠生"，就是这样一类人，他们为祈梦者提供饮食、卧具，还撰写疏文，负责释梦，这甚至成为职业。如今新建的祈梦殿内挂着于谦画像，置供桌香炉，旁挂一副对联："求仁得仁志在生民社稷，祈梦应梦心期康乐平安。"殿内的展示柜中陈列着《异梦记》《山居杂录》等。

于祠现存庙宇为清同治八年（1869）重建的旧迹，原祠初建于明代弘治二年（1489）。该年朝廷赠于谦特进光禄大夫、柱国、太傅，谥曰"肃愍"，赐祠曰"旌功"，主管官吏年下致祭。这是于谦因冤被杀后首次追谥并建祠。

成化二年（1466），于谦之子于冕获赦得归，上疏诉讼于谦的冤案。于谦之冤，天下皆知，也不需要过分查核。于是不久便恢复了于谦生前的官职，并予赐祭。

明宪宗在为于谦平反的诰文中说道："当国家之多难，保社稷以无虞，唯公道之独特，为权奸所并嫉。在先帝已知其冤，而朕心实怜其忠。"意思是在国家多难的时候，于谦保卫江山社稷使国家免于覆亡；只因恪守公正的道理，便被奸佞权臣们共同嫉妒。先帝在位时已经知道了于谦的冤屈，而在朕，则很是怜惜他的忠诚。这诰文在全国各地传颂。

弘治二年（1489），训导储衍、礼科给事中孙儒、公子府尹于冕先后为于谦陈请，皇帝便命下僚建祠，墓所赐额，张宁作记文，文中交代了此事始末。记文曰：

"皇上纪元，弘治之初，仰体先朝德意，俯从致仕应天府尹于冕所请，赠故少保兼兵部尚书于谦特进光禄大夫、柱国、太傅，赐谥肃愍。表祠曰旌功，命有司春秋致祭。"

张宁，字靖之，号方洲，浙江海盐人，景泰五年（1454）进士，官礼部给事中、都给事中，才高负气节，敢言，不附权幸，声名显赫。

弘治是明孝宗的年号，上文提到的"仰体先朝德意"是指孝宗之父明宪宗在成化二年为于谦平反之事。在此事的铺垫上，这才有了弘治二年追赠于少保的事情。

虽然这是官方第一次建祠，但在此之前杭州百姓已经开始在于谦故居祭拜他了，并称其故居为"怜忠祠"。这个名称也有来由，嘉靖年间，南京兵部尚书张鳌作的《旌功祠记》中讲述了此事：

"正统间，国家有土木之变，而旋克底定。少保兵部尚书于公之功也。无何以逸死，天下哀之。杭人即公南新街故宅为位奠哭，而岁时拜谒焉。既而诏复公官，遣祀。而诔以文曰：'谦之忠予怜之！'于是杭人呼南新故宅曰'怜忠祠'。"

上文言道，在于谦因逸而死后，天下人都感到哀痛，所以杭州郡民在其故宅设牌位奠祭。平反之后，明宪宗遣人去祭祀，在哀悼的诔文中说道："于谦的忠心我实是怜悯！"正因这句话，于谦的故宅就唤作了"怜忠祠"。怜忠祠和旌功祠并不在同一个地址，旌功祠是奉旨另外择地修建的。这座怜忠祠也保存了很多年，乾隆年间还有过重修的记录。

张鳌这次的祠记是在嘉靖二十年（1541）重修后所作，祠碑是张鳌撰写，王文祥书篆。

嘉靖十六年（1537），巡按御史周汝员嘱咐钱塘令李念翻新于谦祠。周汝员，号冷塘，明嘉靖八年（1529）进士，都察院河南道御史。李念，字惟克，号松溪，嘉靖十四年（1535），与弟弟李愈同中进士，任钱塘知县，勤政廉洁，体恤民情，政声卓著。

在此之后，巡抚傅凤翔、阁邻王绅、巡监高崶相继协修。

王守仁曾为于谦祠写过柱联："千古痛钱塘，并楚国孤臣，白马江边，怒卷千堆雪浪；两朝冤少保，同岳家父子，夕阳亭里，伤心两地风波。"这副对联还提到了伍子胥和岳飞父子。

除正史记载的修建历史外，明代史学家王世贞在他的《弇州四部稿》中细述了两次祠墓的翻修情况。一次是嘉靖三十九年（1560），由浙直总督胡宗宪批据，钱塘县与仁和县共同申请重修于祠。原文如下："至嘉靖三十九年，奉总督军门胡批据仁钱二县，申详估修于坟。工料价银共该四百七十九两五分七厘。"

还有一次是时隔九年后，即隆庆三年（1569）。

"经今九年之上，日复坍损。据委钱塘县典史袁溶，查得本祠内堂三间坍损大半，正堂三间三角损坏，头门三门上面坍塌，又一间半原系佑修未完。左右碑亭倒塌，周围墙垣坍倒，二十五丈堂后卷蓬，左右厢房、小祠堂以后三司、府县厅，共九间，俱各梁柱桁条川枋椽木等项朽坏，俱应脱换修饬等。因为照于肃愍公精忠伟节，著在国史，天下人人知之，亦人人能言之。今其祠宇年久损坏，有司之责也。相应速为修葺。"

王世贞的记载非常详尽，祠宇何处坍塌、几处损坏，都记录在案。隆庆三年，王世贞调任浙江参政，四月到任后，嘱托钱塘县典吏查看祠堂损坏情况。查勘完后，便命有司修葺。

在前文关于祈梦殿的故事中，提到了一次万历三十年（1602）的于祠修葺。在万历年间，其实还有一次翻修。此次整修情况在祠内的万历碑中有载，碑文即是陈继儒的《重修忠肃于公墓记》，文中记载："万历甲寅，武陵杨公，以御史奉命理两浙盐策。下车武林，首揭于忠肃公墓下。叹曰："浙中伍大夫、岳武穆，与公鼎立而三，而公祠宇如陋巷矮屋。无论谒者伛偻几筵，有如公肃仪拥从出入庙中。讵此一丸土，能容数百万风车云马乎？于是捐俸，命仁和令乔君，鸠聚工料，式增廓之。而此祠岿然，遂成湖上伟观。公嘱陈子碑而记之。"

万历甲寅年，即是万历四十二年（1614）。这一年，武陵人杨嗣昌以御史之职前来杭州理两浙盐务，一进入杭州，首先去拜谒了于忠肃公的陵墓。在参看过之后，他对下属叹道："浙江的伍子胥大夫、岳武穆、忠肃公三者鼎立，然而忠肃公的祠堂如陋巷矮屋一般。"又说："此一丸土，怎么能容得下百万风车云马？"

于是杨嗣昌率先捐出俸禄以整修于谦祠，命仁和县令乔君鸠工庀料，并在修葺的时候进行扩增。竣工后的祠宇岿然巍峨，成了西湖之上的壮丽景观，并嘱咐陈继儒作记文立碑。陈继儒是松江府华亭人，明代文学家、

于谦墓

画家。

到了清朝，顺治间进行过重修，依旧命有司致祭。康熙三十一年（1692），知府李铎重建，又写了重修墓祠记。记文中对于谦给予了高度而精准的评价："忠肃公以一命文臣定大策，建大议，谋谟庙堂，决胜千里。挟君者不得肆其求，闻谍者不得乘其隙……唯公以扶危定倾之才，济其鞠躬尽瘁之节。决然以社稷为重，君为轻。是以能弘济艰难，中兴家国。安九庙之神灵，拯万民于涂炭。"

这段话每句都述说着于谦的故事，歌颂他的功绩，"社稷为重，君为轻"相较于忠君爱国的理念更高尚、更难得。论才于谦可以"扶危定倾"，在大明覆亡之际，坐定乾坤，"决胜千里"，从而"安九庙之神灵，拯万民于涂炭"；论德他"鞠躬尽瘁"，家无私产，才有死后万民哀之的情景。后文再述了祠庙修葺因由："于墓于祠独能与岳墓岳祠并烈予也，既新岳王之祠墓，复为缮治于公之祠墓。诚以向往之深故，不辞经营之力。后之人与我同志，继而新之，庶几其永于不朽也哉！"

岳飞、于谦同是杭州之英杰，岳王庙既然已经重修，那于祠也该修葺才是。知府李铎对于公又深向往之，这便有了旌功祠的再一次翻修。新祠中奉于公像，又在西殿祔祀了于谦之子于冕，东殿设梦兆亭。梦兆亭是当时祈梦殿的前身。每年八月，这座梦兆亭的祈梦之俗最是兴盛。

雍正七年（1729），总督李卫饬令下属重修，乾隆十二年（1747）又重修。乾隆十六年（1751）春，乾隆下江南，为于谦祠题匾额"丹心抗节"。道光二年（1822）三月，林则徐再涉官场，北上赴京补官。而道光帝亦知林则徐在任内的卓越政绩，特地召见夸赏，并于四月破格命他仍发原省。六月林则徐抵达杭州后，被派为本科监试。林则徐为新修的于谦祠写了《重修忠肃公祠墓记》，记中除了对于忠肃公的称颂之外，将祠庙翻新的时间人物均有交代："前年奉祠生于潢，以旌功祠之宜修，请大府命。前钱塘令宣君周视之，入门则前庭圮，升阶则殿宇之右二楹又圮，降而适门左，为梦神祠，亦半圮。又左数十武为文丞相祠，虽未圮，亦岌岌矣。盖是祠既濒湖，其地卑湿，山岚之所蒸郁，林木之所翳蔚，易蠹易腐，故垣墉栋宇之缮完，自乾隆乙卯迄今不三十年，而顿失旧观，无足怪也。于是大府允其请，斥白金八百余两，属后钱塘令方君终始其事，又得绅士陈君桐生、许君乃谷集赀成之。凡五阅月而讫工，是为道光壬午春二月。"

这里需要说明一下，《杭州府志》记载的是嘉庆二十五年（1820）林则徐重修于公祠。而从林则徐记文中可以看到，新祠确实是在这一年开始准备翻修的，但实际开工是在道光元年（1821）九月，竣工是在道光二年（1822）二月，主修人也不是林则徐。

记文中说在嘉庆二十五年，奉祠生于潢向上级官府请命，言道旌功祠应该加以修缮了。奉祠生，又称奉祀生、奉祠宫，是明清时期政府为圣贤等各类祠庙祭祀而设的八品生员。

当时的钱塘县令宣君在受理请求后，到旌功祠去考察，并将损坏程度记录了下来：入门的前庭、殿宇右边的两根柱子、梦神祠都已损坏。于是钱塘令应允了于潢之请，又拨发白银八百余两。在宣县令离任时，还嘱托继任者方县令继续完成此事。又得钱塘绅士陈桐生、许乃谷集资辅助，工程共历时五个月。

"热血千秋"牌坊

　　咸丰二年（1852），杭州郡绅周澍等，因于谦祠墓岁久失修，倾圮成墟，便自发组织起来，重新修葺飨堂，装修神像。但因时间紧、经费缺，仅为"扶持之计，未及全庙重新"。咸丰十一年（1861），于谦祠毁于兵燹。同治八年（1869），为重塑于谦在百姓心目中的地位，郡人吴煦、濮诒孙、丁丙等请款重建于谦祠，袁枚庙碑补嵌在神龛的后面。

　　现存三进建筑以及南北厢房即此次重建的旧迹。出于谦祠大门向北走，可见一座明式牌坊，后接着长长的墓道，两侧芳草萋萋又肃立着石翁仲、石兽。百米墓道的尽头，是省级重点文物保护单位于谦墓，墓碑上书"大明少保兼兵部尚书赠太傅谥忠肃于公墓"，是20世纪修复于墓时重新镌刻的，碑下的浮雕缠枝牡丹基座和墓前的石供桌，均为明时原物。

参考文献

1.〔明〕王世贞：《弇州四部稿》，文渊阁《四库全书》本。

2.〔明〕张宁：《方洲集》，文渊阁《四库全书》本。

3.〔明〕李梦阳：《空同集》，文渊阁《四库全书》本。

4.〔明〕李濂：《汴京遗迹志》，文渊阁《四库全书》本。

5.〔清〕张廷玉：《御定资治通鉴纲目三编》，文渊阁《四库全书》本。

6.〔清〕嵇曾筠等监修，沈翼机等编纂：《雍正浙江通志》，文渊阁《四库全书》本。

7.〔清〕梁诗正：《西湖志纂》，文渊阁《四库全书》本。

8.〔清〕魏峴修，袁琏等纂：《钱塘县志》，康熙五十七年（1718）刻本。

9.〔清〕陈璚修、王棻纂，屈映光续修、陆懋勋续纂，齐耀珊重修、吴庆坻重纂：《杭州府志》，民国十一年（1922）铅印本。

10.杜正贞：《于祠祈梦的习俗与故事》，《民俗研究》2009年第2期。

11.王充闾：《"百世一人"》，《深圳特区报》，2012年6月18日。

海瑞祠：小邑山高铭德政
　　　　　大江水涌颂清官

　　海瑞，明朝著名清官，字汝贤，号刚峰，海南人，赠太子太保，谥忠介。世人称其为"海青天"，正史也将他与汲黯、包拯并论。

　　海瑞在淳安当县令时，造福乡民，深受爱戴，所以在他离任后当地人勒"去思碑"怀念他。海瑞祠如今在淳安县的千岛湖风景区内。这座祠飞檐翘角、雕梁画栋，有淳安三雕的传统风格，是淳安民间雕刻艺人创作的珍品。庙貌古朴典雅、肃穆端庄，是海公忠孝刚正、清正廉明的体现。海刚峰做了什么事，以至于让百姓勒碑思念呢？我们依据史书记载，先了解一下海公为人。

　　嘉靖二十八年（1549），海瑞乡试中举，嘉靖三十二年（1553）被安排到南平任教谕。御史到学宫考察，学宫的下属官吏都跪着迎接，唯独海瑞只是长揖行礼。他说道："在台府拜谒当行下属礼，这里是教堂，师长的教育之所，不当屈膝。"升迁为淳安县令后，海瑞日常只是穿粗布、吃粗粮，还让仆人种蔬菜自给自足。总督胡宗宪曾对人说："昨日听说海县令为母亲做寿，买了两斤肉。"

胡宗宪的儿子路过淳安时，驿站的小吏惹了他，他就将小吏倒悬作为惩罚。海瑞听说后，对下属说道："以前胡公巡视部属，令经过的地方不要为他供给陈设。今日之人行装隆盛，一定不是胡公子。"他在胡公子的囊袋中搜出数千金子，全部纳入了府库，之后骑马去向胡宗宪述说此事，胡宗宪没有因此怪罪他。

海瑞自然知道这人是总督的儿子，但他还是要为驿吏主持公道，所以故意说此人不是胡公子，这样既惩办了胡公子又让对方无势可依、无话可说，可见海瑞刚中有智。海瑞不仅敢于无视总督的权威，甚至敢于向皇权发起挑战。

明朝嘉靖皇帝享国四十多年，到晚年的时候，不理政事不上朝，深居西苑，一心作道场求福。督抚大吏争

海瑞像

相进献符瑞，礼官也是动辄上表庆贺，群臣自从杨最、杨爵获罪以后，没有人敢说时政。

嘉靖四十五年（1566）二月，海瑞独自上疏给嘉靖，批评他滥兴土木至民不聊生、好道修仙而误朝政。嘉靖看了奏疏后，勃然大怒，将奏疏摔掷在地上，对左右侍卫说道："急令追捕，不要使他逃脱！"宦官黄锦在旁边说道："此人素有痴名。听说他上疏前，自知忤逆圣上必有一死，所以买了一口棺材，又与妻子诀别，在朝上等着陛下降罪。仆童也都四散，没有留下一个，所以他是不会逃跑的。"嘉靖帝听后默然半晌，再拿起奏疏读了一遍，缉捕之事便不了了之。后来他把此疏留在宫中数月，一日读好几遍，读后感动叹息，说道："此人可与比干相比，但我不是商纣王。"但最终，嘉靖皇帝还是因为海瑞上疏一事，将他打入了大狱。

海瑞生有二子，都早夭了。在中国的传统中，人离世时都是儿子主办后事，白服送葬。海公去世时，金都御史王用汲前去探视。只见海公家中箱笼破旧，帷帐也是粗葛，有些用品是连贫寒的文人也不愿使用的。王用汲看了不禁泪下，凑钱为他成殓尸身。

海刚峰这般清贫，正如《明史》所说，"诚为人所难能也"。多少人努力奋进，孜孜以求的都是自身生活的改善，但海公却是为了海晏河清、国泰民安，殊为难得。海公虽然无后，但并不是无人送终。当地百姓得知海公亡故的消息后，罢市为他送行。灵柩从江上送回故里时，身穿白衣白冠的吊丧者站满两岸，祭酒而哭者百里不绝。

百姓不止在其离世时对海公表达了深切的情谊，此前他离任时他们也很不舍。记载有海瑞离开淳安时，淳安百姓感恩他而立"去思碑"，又请徐廷绶写了《去思碑记》。去思碑也称"德政碑"，旧时官吏离任时，地方士绅颂扬其"德政"，著文勒碑，表示去后留思之意。

徐廷绶，淳安人，为诸生时，深受县令海瑞的器重。嘉靖四十一年（1562），廷绶考中进士，荣归故里，适逢海瑞调任离开淳安。廷绶受乡亲父老之嘱，为海瑞写了这篇《海刚峰先生去思碑记》。廷绶官授刑部主事，后升郎中。嘉靖四十五年（1566），海瑞因上疏入狱，病重时，徐廷绶不避牵累，亲调汤药，海瑞才得病愈。

廷绶所作碑记将海瑞来淳安的始末作为尽述其中。因为淳安人民至今仍修筑海公祠铭记海公之德，所以此文会依据碑记原文，将海瑞与淳安的渊源进行详细的讲述。

先看海瑞初到淳安时的情形："戊午夏，来令我淳，清修劲节，与民更始，移风易俗，厘弊肃纪。民初焉疑，既而翕然信。期年政通人和，颂声洋溢。"戊午年即是嘉靖三十七年（1558），这是海瑞调任淳安县令的时间。海县令甫一上任，便与民更始，移风易俗，改革旧时弊政，端肃府衙风纪。起初，民心并不尽信他是真心为民解忧，或许认为海瑞新官上任，不过做些政绩工程。时日稍久后，百姓发现海县令是个言行合一的好官，带给了淳安县一派政通人和的好气象，这才有了"颂声洋溢"的结果。

记文也交代了徐廷绶写作碑文的契机："至是移判嘉兴府，诸士民攀辕卧毂，垂泣拥留，而侯之驾不可延矣！佥谋锓石，备悉德政，以志无穷之思。适余奉简书，便道归省，乡大夫士暨耆老辈，属余记之。余雅辱侯教泽，又淳民中被德尤深者，曷敢以不文辞。"

嘉靖四十一年，海瑞升为嘉兴府通判。临去时，淳安人民抱住车辕、卧在车轴上不让他走，更有因为难舍而拥抱着海公哭泣的人。于是众人商议着勒碑刻石，记述海公德政，来表达乡民无穷的思念。恰巧徐廷绶中了进士，回乡省亲，乡绅耆老便嘱托徐廷绶为海公写碑文。

海刚峰在淳安的德政有哪些呢？

嘉靖朝倭寇频繁入侵，浙江作为东海之滨，需要派遣差役、征收赋税，这让本不富裕的平民百姓几近倾家荡产。海瑞上任后，愀然而叹道："东南的民力用到竭尽了，以后如何继续呢？"于是海公在服役、课征、借贷、礼仪、安置流民、诉讼、教育、防卫工事、水利等方面采取了一系列改革措施，即文中所说的"建社学以教子弟、浚濠渠以通水利、编保甲以备不虞、罢访察以安良善、发廪储以赈饥乏"。

比如在吏治方面，针对官吏盘剥百姓、贪污腐败的行为，他整顿官风、肃清吏治，不允许逾制劳人，不允许行贿送礼，要求官吏节省办公经费，以免盘剥百姓、加重小民负担。他自己更是身先士卒，砥砺德行，朴素节俭。海瑞在淳安，着粗衣、食羹藿，令老仆在衙属的空地种植蔬菜以自足，甚至连柴火都由仆人亲自樵采。海瑞治淳安，能够体察百姓疾苦，不取民毫厘，所以在淳安一直有歌颂他"爱民如子，视钱如仇"的歌谣。

这些政策带来的良好效果经久未衰，由是徐廷绶称颂道："侯之政在吾淳者，百代而为范；侯之泽在吾民者，百年而未艾。"其行政举措堪为百代之典范，惠泽后世，百年不衰。

除了去思碑，淳安人民还为海瑞建立了生祠来纪念他。一般的祠庙是纪念逝者的，生祠则是用来纪念活人的，

去思碑

功能与德政碑相似。万历五年（1577），淳安人钱德贞、余元恭捐出了县西的一块地，用来构建海公生祠。海瑞逝世于万历十五年（1587）。一般所说海公祠建于嘉靖四十一年（1562）应是有误的，该年建的是去思碑，《严州府志》和《浙江通志》均记载的是万历五年始建海公祠。

淳安县令吴天洪将祠改建到南山之麓，吴天洪是万历二十三年（1595）前后的淳安县令。万历三十四年（1606）任县令的翁恕作了《忠介海公祠碑记》。乾隆二十年（1755），任县令的马文柄作有《重修海公祠记》，但祠记中没有说明是何年何月何人所修，修后的庙貌也未提及。

现在的海公祠在千岛湖的龙山岛上，岛上有刚峰林。新修建的海公祠，由门楼、碑廊、思贤院等组成。在海瑞祠内外，还筑有不少场景雕塑，表现了海瑞在淳安为官时的感人事迹。祠堂门楼正中有"海公祠"匾，进入门楼，赫然是一块"去思碑"，碑的背面便是徐廷绶所作的《海刚峰先生去思碑记》。

思贤院内正厅有海瑞像，像身金色，穿官服，戴官帽，背景为碧海青天、日月朗照，正中匾额书"光争日月"四字。厅的两壁画着海瑞的故事。在海瑞祠前厅的碑廊中，碑刻林立，陈列了多块海瑞生前书写的和后人缅怀海瑞的碑文，其中以"寿字碑"最为有名。与此碑有关的故事即是上文讲到的海瑞母亲寿辰时，海瑞为母亲买两斤肉的事，故事旨在体现海瑞的孝心和两袖清风。这个寿字比较特别，它正看倒看都是寿字，细看又会发现这个寿字可以分解为"生母七十"四个字。

海刚峰为官清廉，一心为民，侍母纯孝，刚正不阿，视死如归，是百姓心中理想的官吏。海公祠长久地伫立在淳安，令后来的官吏在瞻仰其风采的同时能够向他学习，为官一任，造福一方。

参考文献

1.〔清〕嵇曾筠等监修，沈翼机等编纂：《雍正浙江通志》，文渊阁《四库全书》本。

2.〔清〕李诗修，陈中元、竺士彦纂：《续纂淳安县志》，光绪十年（1884）刻本。

3.〔清〕张廷玉等撰：《明史》，文渊阁《四库全书》本。

卷下

湮没史海的杭州祠庙

汪王庙：汪公大帝护江南
六州百姓祀千年

吴山昔年有汪王庙，奉祀唐朝越国公汪华。这汪华是何许人也？

隋末天下多事，群雄并起，杀人盈野。正值此时，有豪杰之士保障一方，等到天命有所归属，中原定鼎之后，便率土归诚。这样的有识之士宋有忠懿王钱弘俶，而唐有越国公汪华。这二人在天下未定之前，皆以一旅之师转战诸州，荡平寇匪，捍卫乡里。钱王的祭祀主要在两浙，汪王的庙宇见于记载的就有徽州、乌聊山、桃花岭、吴山等处。

汪华，本名世华，字国辅，又字英发，徽州歙县人。因为避唐太宗李世民讳，改名汪华。《绩溪县志》记载了汪华的先祖和出生，关于他出生的部分内容有些神化之处，读者理性看待即可。

汪华的母亲是歙县郑氏，相传郑氏曾梦见一个黄衣少年从天而降，对她说道："恐怕上天将要赐你一个贵子。"南陈至德四年（586）正月十八日子时，汪华出生，他降生时屋内被香雾覆盖，三天方才散尽。这种说法与武肃王钱镠、妈祖林默出生时相似，可能是古人对奇伟之人的想象渲染，认为他们是天赐神人，出生时当有异象。

据说汪华出自春秋时鲁公一族，汪华的高祖是南朝刘宋的军司马汪叔举，也是他迁居到歙县的。汪华的曾祖汪泰、祖父汪勋明、父亲汪僧莹都在南朝梁陈间做官。汪华早年丧父，母亲便带着他回到外祖家，不久母亲也过世了，汪华便由舅父抚养。汪华九岁时，帮舅舅放牛，每次一出门，就盘坐在磐石上指挥其他小孩，命令他们割草筑屋。小汪华对他们说："等屋室建成，我就杀牛犒劳你们。"屋子筑成后，汪华果然把舅舅的牛分着吃了。

回家的时候，舅舅问汪华："牛去哪儿了？"汪华答道："牛已经到地下去了。"舅舅素来对汪华的行为感到惊异，所以也不加责怪。等到汪华长大的时候，生得广额方面，又美髭髯，平时行事则是"不事田业，落魄纵放"。这样的汪华听闻睦州有人"习武事"，便前往从军，这年他十八岁。待他返回歙县的时候，已经以勇侠之名闻于乡里了。

后来，汪华以豪杰的声望应募入郡府，在军中平定婺源寇匪有功。彼时杜伏威起兵于江淮，自称将军，他预谋和郡中一名姓张的将领内外呼应，拿下郡城，但心中忌惮汪华。张姓将领便派遣汪华到箬岭山开道，想要寻个事由杀了汪华。

汪华和他的副将汪天瑶领兵开拓道路，不到一日就完成了。张姓将领不仅不加礼，更弹劾汪华在开道过程中差役不均。汪华手下的将士愤怒，攻入张府，张姓将领惊惧逃跑，郡中百姓和将士就劝请汪华代理刺史政务。箬岭古道至今犹存，是从徽州歙县出发到中原的战略要道，始建年代正是隋朝，汪华也是此道的拓建者。

宣城郡守得知汪华自代刺史后，派兵来攻打他。汪华应战，亲自带精兵八百，先发制人，攻入宣城。奔走不到三十里就打败了守将陈罗明，随后宣城郡守绑着绳索前来投降，汪华不问因由便释放了他，又安抚百姓，精选宣城军中的精锐，尽归自己。之后，杭州、睦州、婺源、饶州四个州郡都被汪华攻下。此时汪华辖领六州，带甲十万，部将们议论道："中原纷乱，大众已集，若以刺史统军之号，临之恐复瓦解。"意思是汪华若只是以刺史之名统领军队，到时候恐怕还会瓦解。

隋末乱世中，像汪华这样占据数州、拥兵自重的将领已经拥有了诸侯的实力，所以他的部将开始劝他称王，"乃建号吴王"。汪华从弟汪天瑶任右长史，汪铁佛任左长史。隋恭帝义宁年间（617—618）汪华迁到歙县的乌聊山，吴王汪华执政期间，受到了民众的爱戴。虽然当时天下混战，四方不安，但汪华治下的六州保有平安十余年。

直到唐高祖取代隋帝，建立唐朝，秦王李世民出师江右，汪华说道："日月出矣，爝火不熄可乎？"意思是太阳月亮出来了，小小的烛火不熄灭可以吗？武德四年（621）九月，汪华"籍土地民兵奉表于唐"，相对于被唐所灭的其他诸侯，汪华的率土归唐为他治下的百姓免除了一场战争。唐高祖嘉奖了汪华，同月二十二日，大唐下诏封汪华为使持节，总管歙州、宣城、杭州、睦州、饶州、婺源六州的军事，职事为歙州刺史，封越国公，食邑三千户。

贞观二年（628），唐太宗授汪华左卫白渠府，统领禁兵，拱卫东都洛阳和西都长安。贞观十七年（643），改封忠武将军，右卫积福府，折冲都尉。太宗伐辽东，以房玄龄为留守，诏汪华为九宫副监。贞观二十三年（649）

三月三日，汪华薨逝于长安，时年六十四岁。

汪华在病中的时候，太宗又是慰问又是送医药，薨逝后又赐杂彩十床、黄金百两、东园秘器。杂彩是各种单彩瓷器，东园秘器是皇室、显宦死后所用的棺材。说明太宗以功臣之礼对待汪华。

永徽二年（651），汪华的儿子们将汪华的灵柩归葬到歙州云岚山，歙州父老向郡守请求，为越国公建立祠庙，以享百姓祭祀。吴山的汪王庙在大观台之麓。这座祠庙始建于唐贞观间（627—649），有明万历年间重修祠记，是汪华三十五代孙汪道亨撰写的。

汪道亨是万历十一年（1583）进士，是汪华第七子汪爽的后代，历任郎中、泉州知府、广东布政司布政使、按察使，后任应天府尹，仕终右金都御史，巡抚宣府。因守边御敌和修筑边墙有功，加兵部侍郎。所宦之处，福建泉州、江西湖西、浙江杭州、河北张家口等地人民皆对其感恩怀德，均立祠祀之。

汪华后裔中出了很多杰出的人物，这点也和吴越国钱武肃王很像。吴山汪王庙的重建多是汪氏后人主持的，他们还举行过盛大的祭奠仪式。先说明朝的这次祠庙重修，完成时间是万历三十四年（1606），汪道亨为这次重修记文写道："岁万历甲辰秋，余奉命来佐浙藩，缅维家乘备载。王祖当隋唐之际……闻有祠据吴山之巅，而亟齐沐走谒之，则庙貌端严，千载如故。"

万历甲辰是万历三十二年（1604），汪道亨奉命到浙江任职，遥想家谱中详尽的记载，说有先祖汪王的祠庙据于吴山之巅，就在休沐的时候前往吴山拜谒汪王祠庙，只见庙貌端严，千年如故。接着写了汪王的功绩和赐爵封诰等事，此不备述。然后提到了他修葺此祠的始末："故门庑缺而未备，余因鸠工覆簣，旋即表里郁盘。每一及门，俯瞰镜湖，孤山苏堤诸胜，一览无遗。甫竣事，忽从族人所得王祖遗像一轴，而武德四年（621）之诰、宣和二年（1120）三月之赞咸并诸首，窃念此像之传旧矣。"

这段是说当时祠庙的门庑已经有了缺损，于是汪道亨鸠工翻新，新修的祠庙表里曲折幽深，蔚为可观。每次站在庙门处俯瞰镜湖，苏堤孤山等胜迹能够一览无遗。又说工事刚一结束，他就从族人处得到了汪王的遗像一卷。这则遗像宋徽宗曾写有御赞，拿到此像时，武德四年的封王诰书和宋徽宗的赞文都在上面。

这篇作于宣和二年的御赞见载于史籍，名为《汪王像赞》，赞曰："生钟间气，死为直神，捍灾御患，保国护民。襃封血食，照耀古今，椒枝繁衍，裕尔后昆。

汪王庙遗址

堂堂庙貌，万载如存。

宣和二年三月七日"

宋徽宗对汪王的赞誉很高，说他生钟间气，死是直臣。间气，即英雄豪杰上应星象、禀天地的特殊之气。"钟"与钟灵毓秀的钟同义，即是汇聚灵气的意思。生钟间气是说汪华活着的时候汇聚了上天的英雄之气。

接着称颂了他的功绩，"捍灾御患，保国护民"。还提到了汪王后裔，说其"椒枝繁衍，裕尔后昆"，这是说汪王恩泽遗惠后裔。而最后一句"堂堂庙貌，万载如存"，说的正是吴山的汪王庙。武德四年的封王诰书上也有记载，内容也是称赞汪王的功绩和见识，与祠庙关系不大，此处便不予摘录了。

汪道亨认为这幅遗像极为珍贵，所以得到后"瞻拜先容"，且说画像"威灵精爽尚凛凛有生气"。

他在文中写道："爰命工勒石置诸祠右，以垂永久。第以越国肇封武德贞观中，奉诰书者，再历宋元及我大明，其追崇王号，锡诰加封者又十有二。宜乎杭之士人，越数千百载而崇德报功，乞灵祠下者无虚日也，信哉。与吴越国王并垂不朽矣！

"余以裔孙忝藩兹土，偶于对越骏奔之暇，诠次其梗概。如此若能充拓殿宇，表彰先烈，尚有俟于后之君子。

"时万历丙午年，仲春月谷旦"

汪道亨命工人将画像刻到石头上，放在祠堂右侧，还将宋徽宗的御赞也刻在了石像的右上角，下方则刻了

"三十五世孙汪道亨勒石于吴山三茅观"几个字，以垂永久。接着说到了历代对汪华的追封赐号，达到了"十有二"次。汪华的加封次数很多，王号也多，此处简单介绍几次封诰。

北宋徽宗在政和间（1111—1118）封汪华为灵惠公，不久加封为英济王。南宋乾道四年（1168），宋孝宗封汪华为信顺显灵英济广惠王。南宋理宗时，改封为八字王四次。宋恭帝德祐年间（1275—1276），特封汪华为昭忠广仁神武英圣王。元世祖至元元年（1264）进封为昭忠广仁武烈灵显王。

这就出现了宋元两个同时存在的政权都封赐了汪华的情况。笔者推测这可能与蒙汉争天下有关。帝王给逝者封王赐号，多是出于政治需求。汪华于乱世中崛起，却终究没有自立为帝，始终尊中原为正统。元帝和宋帝都封赐汪华，或许是想以此告诉天下人，自己才是中原的主宰者。

明洪武间（1368—1398）封汪华为广济惠王。清朝咸丰八年（1858），咸丰帝在汪华的封号上加了"襄安"二字。咸丰十一年（1861），汪王庙毁于兵燹，庙内原藏的汪王历代诰敕、有御赞的汪王像都散佚了。

世人称汪华为"汪公大帝"，江南百姓奉其为神，千年祭祀不辍。祠记中也提到这一盛况："越数千百载而崇德报功，乞灵祠下者无虚日也。"又将他与钱王并提："与吴越国王并垂不朽矣！"

汪王和钱王除了功绩上可并提之外，还有一点相似之处，就是他们的后人中人杰辈出。

两宋之交时，有名士汪藻，便是汪华后人。汪藻是崇宁二年（1103）进士，徽宗亲制"居臣庆会阁诗"，下令群臣献诗，汪藻一人独领风骚。他与胡伸俱有文名，时称"江左二宝"。他的父亲汪谷也是进士出身，宋徽宗赞中说的"裕尔后昆"，正与当时汪氏后人多才俊有关系。汪藻写有一首咏颂吴山汪王庙的诗，名《灵惠公庙》，诗曰：

> 台殿崇崇冠冢颠，行人跪起白云边。
> 山河霸业三千里，歌舞灵衣五百年。
> 铁马威神通异域，衮龙书命降中天。
> 偃王遗种班班在，好乞韩碑记邈绵。①

诗有自注：灵惠余祖也，隋末有宣徽之众，本朝以阴兵佐边境。锡今封余通守宣城，故用韩碑故事。

这首诗收录在汪藻的《浮溪集》中。诗注说"灵惠余祖也"，推测这首诗应该作于政和年间，是宋徽宗封汪华为灵惠公，但还没有加封为英济王的时候。那个时候的吴山汪王庙"台殿崇崇"，冠绝岭巅，"行人跪起白云边"，可见其险峻。诗的中间两联无非是赞颂先祖功业，尾联"偃王"和"韩碑"都是用典。偃王是西周时期徐国国君，他曾僭越称王，与周天子分庭抗礼，汪藻借此肯定汪华臣事中原的做法。韩碑是指韩愈为裴度撰文勒碑，称扬其功业的事。汪藻用这个典故也是想表明其先祖的功德值得勒石传颂。

清光绪二十三年（1897），汪华八十五传裔孙汪文炳选授富春县令。次年他主修富春县志，翻阅《杭州府志》时，看到志载"新安越国公有汪王庙在吴山大观台之麓"，他就到大观台去寻访，但"遍访莫知其处"。

①参见《四部丛刊初编·浮溪集·卷三十一》载《灵惠公庙》。

光绪二十七年（1901），汪文炳调钱塘县令。他再访大观台的汪王庙遗址，没想到此地已经为比丘尼造了精舍。汪文炳发檄文令她们迁移，但是庙址还是不能确定具体是何处。仁和县的孙康侯、广文峻两人博览群书，彼时正好做着整理武林掌故文献相关的工作，他们就搜辑汪王庙的事略稿并编辑成篇。

光绪三十一年（1905），汪文炳再任钱塘县，继续寻找汪王庙遗址。这次他运气比较好，遇到了火德庙的住持。老住持告诉汪县令，汪王庙素来以灵验著名，兵乱时被毁，这些都是他目睹的，祠庙故址他也可以指认出来。汪县令和老住持相携同往，登上七宝山，老住持指认的祠庙故址背江面湖，颇踞形胜。

既然遗址已经找到，杭州士大夫素来崇德报功，如今汪王祠庙遗址为茅草掩盖，岂不是地方官吏的失职吗？所以汪文炳约请杭城缙绅和汪王支裔，共谋修复祠庙之事。他们同时辑录吴山汪王庙相关志略一卷，陈璚为此卷写了序。陈璚曾任浙江杭嘉湖道道员，官至四川布政使，护理四川总督印信，又与王棻等修纂了《杭州府志》。

现在汪王庙只有遗址，庙宇在中华人民共和国成立后拆除了。尽管庙体不在，但浙人崇德报功的态度并没有改变，希望这篇文章能让读者对汪华的功德有所了解，也能传承曾经的杭州对先贤的祭奠精神。

不管是钱王还是越国公汪华，在带甲十万的情况下，没有拥兵自重、自立为王，始终以臣事中原，尊中原为正统，保得一方百姓在数百年里平安富足，其后世子孙也名杰辈出，堪为后世之楷模。

清高遗庙肃人思

HANG ZHOU

参考文献

1.〔清〕梁诗正:《西湖志纂》,文渊阁《四库全书》本。

2.〔清〕汪文炳辑:《汪王庙志略》,刻本,1936年。

3.〔清〕清恺修,席存泰纂:《绩溪县志》,抄本,据清嘉庆十五年(1810)刻本抄。

4.戴振生、汪濂编:《吴山汪王庙志略续篇》,影印本,1936年。

杭州风迹 HANG ZHOU

先贤祠：异时异代诸名贤
同祠同祀懿德宣

西湖三潭印月三座石塔边的小瀛洲上有一座先贤祠，奉祀的是明末清初的四位浙江籍学者，此祠的前身是晚清官僚彭玉麟的彭公祠。本篇要讲述的先贤祠并不是此祠，所祀的人物更是名震天下的巨擘，但祠庙已经不存。

杭州自古贤良云集，不论是浙江籍的才俊，还是到杭州为官的名臣，杭州人多为其立祠以祭祀。起初，杭州有陆宣公祠、白公祠、林和靖祠、苏文忠公祠等，皆在孤山。后来在不同时期，由当地官员对这些先贤进行并祀，奉祀的主人也有更迭，祠名亦有三贤祠、四贤祠、六贤祠、两浙名贤祠等。

鉴于杭州先贤祠祠史复杂，本文不拘先贤祠一座祠庙，也会对奉祀其中的先贤个人祠庙史进行简述，旨在让读者了解杭人对这些名士的崇敬和祭奠往事。历代杭人崇祀的先贤，有陆贽、许由、辩才、赵阅道、苏东坡、李泌、白居易、林和靖等。这许多人难以尽述，但谈到杭州先贤，有三人不能不提，那便是白居易、苏东坡、林和靖。杭州今有苏堤、林和靖墓等，皆是先贤在杭的见证。

说到这些名贤，当数林和靖与众不同，为何这样说呢？

林和靖，即林逋，北宋著名诗人，以"梅妻鹤子"闻名后世。他一生不仕不娶，后来隐居西湖，结庐孤山二十年，常驾小舟遍游西湖诸寺庙，与高僧诗友相往还。每逢客人到来，童子便纵鹤放飞，林逋见鹤必棹舟归来。天圣六年（1028），林逋故去，宋仁宗赐谥"和靖"。

林和靖曾自谓："然吾志之所适，非室家也，非功名富贵也，只觉青山绿水与我情相宜。"意思是他的意志不在于成家立室，也不在功名富贵，本性只与青山绿水相宜，故而有处士之称。处士是古代对有德才又隐居不仕之人的称呼。

林和靖本人虽无意仕途科举，但由他教授的侄子却登进士甲科，可见他具备登科的才学，不仕确实是因为不愿，而非不能。他的诗句"疏影横斜水清浅，暗香浮动月黄昏"是咏梅绝句，广为传唱。他平素喜欢作诗，但不喜存留，随就随弃。如今所存的，据称是好事者窃记而来的。

此外，林逋尤其擅长绘画和书法，陆游、苏轼、黄庭坚等人皆盛赞其书法。明代大家沈周曾作《题林和靖手帖用东坡韵》一诗称赏林逋书法，诗云："我爱翁书得瘦硬……数行清莹含冰玉。宛然风节溢其间，此字此翁俱绝俗。开缄见字即见翁，五百年来如转烛。……水边孤坟我曾拜，土冷烟荒骨难肉。"

诗中提到林和靖人如其字，"清莹含冰玉"，所以此字此人"俱绝俗"。沈周也曾到西湖孤山林和靖墓祭拜过林公，但时隔五百年，难免"土冷烟荒骨难肉"。

沈周祭拜的林墓便是林和靖在世时自筑于庐侧的故址，他曾"自为墓于庐侧"，逝世后即葬于此墓。

孤山除了林和靖墓，还有过林和靖祠。祠的始建年代不详，但据黄庭坚记载，苏轼曾将林和靖祠中的像移入水仙王庙，配享水仙王。原因是苏轼以为林和靖"清节映世"，堪配水仙王。黄苏二人距离林和靖谢世不过几十年时间，可见林和靖祠建得很早。

咸淳四年（1268），孤山刮大风，林和靖像被风拔起，祠庙几乎尽毁。当地衙门予以重建，重建后贾似道带着客人来此祠游览，于榛莽中发现一块碑石，是熙宁七年（1074）陈襄等九人的竹阁题名石，于是将石植于祠下，当时祠内尚有轩名"鹤轩"。

林和靖墓

康熙时的钱塘人黄机在《关帝庙碑记》中说林和靖祠后来奉祀了李邺侯、陆宣公、白苏二公，按照这个说法，先贤祠的前身便是林和靖祠。还有一种说法是先贤祠是由陆宣公祠改祀诸贤的。

在《杭州府志》记载的两浙名贤祠条目中，讲到孤山之阳有祠，祀汉代严光，唐代陆贽，宋代林逋、赵抃等十二人，是明穆宗隆庆六年（1572）巡按御史谢廷杰将陆宣公旧祠改祀的。陆宣公即唐朝著名政治家、文学家陆贽，是中唐贤相，其学养才能、品德风范深得当时及后世称赞，逝世后赐谥"宣"。

陆宣公是浙江出身的名相，嘉兴人。宣公祠是明嘉靖年间（1522—1566）太保陆炳修建的，陆炳自谓是陆宣公后人，故创祠祭祀宣公。隆庆六年改祀诸贤后将宣公像移到了祠前的恩纶阁，并书匾额"西湖书院"。

关于建宣公祠一事，张岱的《西湖梦寻》中有记述。文中先是说到建祠的缘由："孤山何以祠陆宣公也？盖自陆少保炳为世宗乳母之子，揽权怙宠，自谓系出宣公，创祠祀之。"

张岱与陆炳相隔不过几十年，按张岱所言，陆炳自称是宣公之后的说法并不为当时的人所认同，且对其多有讥诮之言。但陆炳权势熏天，建造的宣公祠很是壮丽恢宏，文章形容道："规制宏厂，吞吐湖山。台榭之盛，概湖无比。"

此外，还有一则趣事记于其中："炳以势焰，孰有美产，即思攫夺。旁有故锦衣王佐别墅壮丽，其孽子不肖，炳乃罗织其罪，勒以献产。捕及其母，故佐妾也。对簿时，子强辩。母膝行前，道其子罪甚详。子泣，谓母忍陷其死也。

母叱之曰：'死即死，尚何说！'指炳座顾曰：'而父坐此非一日，做此等事亦非一日，而生汝不肖子，天道也，汝死犹晚！'炳颊发赤，趣遣之出，弗终夺。"

这则故事是说陆炳当时虽然权力极大，却没有好的产业来建祠，便思量着攫取他人的。正好旁边有已故的锦衣卫王佐的别墅，甚是壮丽。而王佐之子不肖，陆炳就罗织王佐儿子的罪名，勒令他献出王佐别墅。王佐儿子拒不认罪，陆炳就逮捕了他母亲，即王佐的妾。这位母亲对儿子的罪行毫不讳言，很详尽地道出，儿子哭着对母亲说道："母亲忍心置我于死地吗？"

母亲叱骂道："死就死，还有什么好说的？"又指着陆炳的座位，回头对着儿子说道："你父亲在此地并不止一日，做这样的事也并不是一天了，而生了你这个不肖子，这是天道，你就是现在死了都是晚了的。"陆炳听了，脸颊发红，忙将他们遣出，最终没有夺走王佐的别墅。

陆炳去世后，陆宣公祠没入官中，因为祭祀的是名贤所以没有被废弃。隆庆六年（1572）谢廷杰增祀的两浙名贤除了上面提到的诸人外，还有王十朋、吕祖谦、张九成、杨简、宋濂、王琦、章懋、陈选。这座两浙名贤祠或许声名太盛，以至于有人鱼目混珠，将自己的亡父也衬祀其中，且看是何人所为。

"会稽进士陶允宜以其父陶大临自制牌版，令人匿之怀中，窃置其旁。时人笑其痴孝。"这句话的意思是：会稽的进士陶允宜为他父亲陶大临自制牌位，叫人藏在怀里，偷偷放置在十二名贤牌位的旁边，当时的人便笑他是痴孝。其实陶大临本人也是会稽名士，出身名门，只是没有被并祀祠中，但陶允宜此举颇有些滑稽，不免贻笑于人。

天启五年（1625）八月，奉旨拆毁私创的书院，其中包括上面说到的西湖书院，陆贽祠堂便归了陆氏子孙世代守护。清雍正九年（1731），陆贽裔孙陆琨重修宣公祠，总督李卫建坊。乾隆十六年（1751），皇帝南巡，为陆宣公祠赐匾。咸丰十年（1860），祠庙毁于兵祸。光绪二十五年（1899），陆氏后裔陆元鼎、陆懋勋请旨拨发帑金重建。这二人均是清末高官。

由以上记载可知，陆宣公祠曾一度变成先贤祠，但后来又单独祭祀陆宣公，其后裔也进行过数次重建。那么先贤祠莫非就是由林和靖祠改祀的吗？

元末明初的李昱有一首《题林和靖祠》诗，诗曰：

处士当年住，西湖正绕门。
诗名因不死，祠宇到今存。
鹤可充童仆，梅堪替子孙。
凄凉断桥路，纤月照黄昏。

由"祠宇到今存"可知元末时林和靖祠还只单独奉祀林和靖一人。明代名士欧大任也曾作有诗《林处士祠》，晚清的林则徐亦重建过林处士祠，还为祠庙题联，此一联是"我忆家风负鹤梅，天教居士领湖山"。所以林和靖祠或许并未长期作为先贤祠而用，但也可能并祀过邺侯李泌、陆宣公及白苏二公。但杭州今天还有白苏二公祠，位置也在孤山。

明代汪汝谦在迁居到杭州后，修建阁楼奉祀白苏二公，阁址不详，但这是白苏二公合祀之始。到了清朝，有江苏金匮（今无锡）人华瑞潢侨居杭州，他向巡抚阮

白苏二公祠

元和秦瀛相继上名帖，请求在孤山修建白苏二公的专祠，这便是如今的白苏二公祠。

同治六年（1867），晚清高官谭钟麟在署衙东边又建了土谷祠，用来奉祀白苏二公。同治九年（1870），知府陈鲁在原来祠宇的基础上添建了发审厅并川堂回廊。光绪三年（1877），知府龚嘉俊又重修。杭州对白居易和苏东坡的二公并祀祠重建也比较频繁，只是前后并不止一座二公祠，但其主旨终究一样，都是为了铭感二位贤才对杭州的贡献。

苏轼曾两次任职杭州，在任期内政绩卓著。苏公第一次到杭州后，修治六井，使百姓重饮六井水。第二次知杭州时，杭州水涝之后又遇大旱，饥馑瘟疫一起爆发。苏轼决定用公款两千缗买米赈济饥民，又反复上疏，奏请朝廷减轻赋税、免除积欠，又加大常平仓米的购入量，以备饥荒。

灾荒之际，瘟疫流行，杭州是水陆交会的地方，疫疾死亡率比别处都高。苏轼派人煮稀粥、熬药剂，救活了很多人。考虑到杭州乃重镇，苏轼捐了五十两黄金，加上公费，合起来办了一个病坊，叫作安乐坊，收纳贫困病人，为其治病。苏轼亲率医生分坊治病，得医而愈者有千余人。

此外，苏轼对西湖进行过一次大规模的疏浚工程。元祐五年（1090）四月二十九日，苏轼上《杭州乞度牒开西湖状》。状中陈述了西湖葑田已有二十五万余丈。葑田是什么呢？湖泽中葑菱积聚处，年久腐化变为泥土，水涸成田，是谓"葑田"。

这比苏轼第一次来杭州任通判时的情况更为严峻。十六七年间，西湖埋塞其半，再有二十年，恐怕这世上就没有西湖了。杭州之无西湖，如人之无眉，于是苏轼拆毁湖中私围的葑田，将全湖挖深，把挖掘出来的大量葑泥在湖中偏西处筑成了一条沟通南北的长堤，后人为感念苏东坡治理西湖的功绩，称这座长堤为苏堤。

唐穆宗长庆二年（822），白居易被任命为杭州刺史。白居易在杭期间，修筑了西湖的堤防，又疏浚了李泌曾开的六口水井。苏轼在申请疏通西湖时写的奏书中，引用过白居易关于西湖水重要性的论述，出处便是白居易的《钱塘湖石记》，记曰："大抵此州春多雨、秋多旱，若堤防如法，蓄泄及时，即濒湖千余顷田无凶年矣。"

白居易的西湖筑堤是为了蓄春天的雨水，用于秋天旱季的田亩灌溉，这项水利工程可保杭州千余顷良田没有凶年。又曰："其郭中六井，李泌相公典郡日所作，甚利于人。与湖相通，中有阴窦，往往堙塞，亦宜数察而通理之。则虽大旱，而井水常足。"白公疏通六井通道，可使大旱时百姓也能喝到充足的井水。

白苏二人在杭州的政绩对杭州的民生助益极大，故而杭人十分感念其德其行，千年来祭祀不衰。此二人不仅是能吏，还是举世闻名的大文豪，二人在杭州留下了不少绝妙诗词。例如苏轼《饮湖上初晴后雨》："水光潋滟晴方好，山色空蒙雨亦奇。欲把西湖比西子，淡妆浓抹总相宜。"又有白居易的"最爱湖东行不足，绿杨阴里白沙堤"。这些作品让杭州的美好走进了天南地北的国人心中，成了"上有天堂下有苏杭"的最佳注脚。

除了白苏二公祠，杭州也有单独的白公祠和苏公祠。

白公祠，在孤山之阳，《杭州府志》记载是在苏公祠左侧。白居易，字乐天，号香山居士，祖籍山西，生长于河南新郑。相对于官职，白居易更以诗名享誉千载。唐玄宗在凭吊白居易的诗中说："童子解吟长恨曲，胡儿能唱琵琶篇。"这说的是白乐天作的《琵琶行》和《长恨歌》。白乐天的诗歌在日本流传也很广，影响深远，白居易还在世的时候，日本民间便建起了"白乐天神社"，把他当作神一般来崇拜。

孤山的白公祠是嘉庆九年（1804）巡抚阮元所建。咸丰十一年（1861）毁于兵乱，同治五年（1866）巡抚马新贻重建。马新贻是道光间进士，遇刺身亡后获赐谥号"端愍"，入祀贤良祠，杭州亦曾有其专祠。

同治七年（1868），余杭知县刘锡彤、绅董李怀栋劝捐修建德庆楼，竣工后又建了白公祠。而在宋朝时也曾在西湖边建有白公祠，后来并祀多位名贤，成为四贤祠，当是此祠的前身。起初是单在西湖竹阁后祀白居易，后来增祀苏东坡、林和靖二人，遂名为三贤祠，后来再增祀李泌，遂成四贤祠。

南宋孝宗乾道间（1165—1173），府尹周淙将三贤祠迁移到水仙王庙的廊庑，后来的府尹袁韶又迁三贤祠到废花坞。嘉定十五年（1222），郡守改建，三位先贤的轩宇各有一匾，匾额是从三人的西湖诗句中摘出的。白居易的是"水西云北"，出自"孤山寺北贾亭西，水面初平云脚低"；苏轼的是"晴光雨色"，出自"水光潋滟晴方好，山色空蒙雨亦奇"；林和靖的是"月影水香"，出自"疏影横斜水清浅，暗香浮动月黄昏"。

元代廉访使徐琰又将此三贤祀到了西湖书院，有诗为证：

湖边莫怪旧祠荒，士女何曾炷瓣香。
赖是人心犹未泯，深衣迎奉入书堂。

此诗正是徐廉访所作，名为《三贤堂移入西湖新书院》。

到了明朝，天顺年间（1457—1464）的知府胡濬再改建三贤祠到西湖。正德元年（1506），知府杨孟瑛在祠中增祀邺侯李泌，所以成了四贤祠。杨孟瑛，便是西湖杨公堤的主人，他在守杭州期间，疏浚西湖有功，筑建了杨公堤。杨公是成化二十三年（1487）进士，弘治十五年（1502）任杭州知州。

关于并祀李邺侯于三贤祠一事，杨公著有《四贤祠记》，记曰："孟瑛守杭三年，于今还往孤山，见三贤祠栋挠梁坏。惧神之不栖，而羞吏之不恭也。窃唯逋仙风节，山崇湖深，名教攸系。白文公、苏东坡皆杭贤守，石函一封，时泄时钟。葑洲既率，千顷一碧。两邑之田，残沟断洫，莫非遗泽。"

杨公守杭州时，距离上次三贤祠的改建也不过五十年左右，这时的三贤祠再度老朽，"栋挠梁坏"。杨公担忧残破了的祠堂神灵不愿栖居，又为官吏如此不恭而感到羞愧。这是杨公葺新祠堂的初衷。接下来他在文中称颂了苏公和白公的惠政，数百年后，两位贤郡守仍遗泽两邑之田。与白苏二公有相似功绩的还有唐代的邺侯李泌。

"又唐邺侯李公泌亦尝刺是州，穿六井，引湖波，民始不食盐苦。虽功不在湖，而以湖为功。与白公苏公埒，曷作新庙？而合祀之，更称四贤祠。

"仰唯三公治杭，事有美迹，人有遗爱。率应祭法六

苏堤旧影

162

井一湖，才一事耳。然杭人祀文公必于孤山，祀郧侯必于涌金北城，祀东坡必于湖堤锁澜之桥，岂政以时易？

……

"故因文公之旧而合祀于是，至于推祀逋仙，则宋泰定间即有之，盖义起也。"

上文"宋泰定间"当是有误，应为"宋嘉定间"。李郧侯任职杭州期间，"穿六井，引湖波"，对百姓功泽深远，"民始不食盐苦"，所以与白苏二公同祀一祠中。当时杭人拜祭苏公要去湖堤的锁澜桥，拜祭白公需到孤山白公祠，拜祭郧侯则在涌金北城，这样十分不便，于是杨公就着白公祠旧址，合祀三贤。而只有林和靖公，从南宋时即在三贤祠中，便也一并祭祀了，如此这般，三贤祠便成了四贤祠。

杨公成全郧侯于四贤祠，杭人亦成全杨公于五贤祠。杨孟瑛重建四贤祠后，杭人又增加杨孟瑛到此祠，而成为五贤祠。张岱的《西湖梦寻》中有记："郡守杨孟瑛重浚西湖，立四贤祠以祀李郧侯、白、苏、林四人，杭人益以杨公，称五贤。而后乃祧杨公，增祀周公维新、王公弇州，称六贤祠。张公亮曰：'湖上之祠，宜以久居其地，与风流标令为山水深契者，乃列之。周公冷面，且为神明，有别祠矣。弇州文人，与湖非久要，今并四公而坐，恐难熟热也。'人服其确论。"

杨孟瑛后来又被撤出牌位，改增加了周新和王弇州。杨公合祀四贤的时候，说缘由是李、白、苏三人对杭州的功绩相近，而杨孟瑛也有疏浚西湖的惠政，所以并祀其中，合情合理。周公维新即是杭州城隍周新，王弇州则是王世贞，因其号弇州山人，故称为王弇州。

文中提到的张公亮是崇祯时的进士张明弼，他认为周新和王世贞不会久居在六贤祠中，原因是周新为神明，另有祠；王世贞则是文人，与西湖本身并无渊源。张明弼另有《六贤祠》诗一首，正是讲这一论点的。诗曰：

> 山川亦自有声气，西湖不易与人热。
> 五日京兆王弇州，冷面臬司号寒铁。
> 原于湖山非久要，心胸不复留风月。
> 犹议当年李邺侯，西泠尚未通舟楫。
> 惟有林苏白乐天，真与烟霞相接纳。
> 风流俎豆自千秋，松风菊露梅花雪。

再说个人的专祠，白文公、林和靖有专祠已久，但苏文忠公专祠直到晚清才得建立。苏文忠公祠又叫苏公祠，与白公祠同在孤山之阳，二者一度比邻而居。清代海宁藏书家吴骞撰有《西湖苏文忠公祠从祀议》一卷，卷首有秦瀛所书序言，文中有吴骞所写文忠公专祠创立的意见。序曰："龙井祠堂于嘉庆四年夏四月移祀于孤山苏文忠公新祠之左，望湖楼下。先淮海与文忠交契最密，今祠宇邻立，当亦两公志也。公弟仁和主簿觏字少章，觌字少仪……增祀于淮海公祠，而前刻公像及辩才木主。仍旧龙井。"

先淮海即指淮海先生秦观，秦观祠即是龙井祠堂，和苏祠邻立于西湖边，又在淮海祠中增祀了秦观的两位弟弟秦觏和秦觌，又有辩才的木主。辩才是北宋高僧，与苏轼、秦观等文豪多有往来。

秦观等人先祀于龙井祠，后有并祀于文忠公祠中，同时文忠公祠内先后并祀了两浙转运使叶温叟等三十二人，他们都曾是浙江官吏。这么多人在一起祭祀，所以吴骞提议设立专祠："苏文忠公自熙宁、元祐两莅吾杭，

164

清高遁庙肃人思

HANG ZHOU

其德惠之被于民也甚大。当时浙人家有画像,饮食必祝,且生为立祠。至于今犹蒙其泽,虽妇人小子,无不知有东坡先生者。顾生祠遗址,既莫可考,春秋仅合祀于湖上四贤祠,而未有专祠以妥公之灵……今杭嘉湖观察锡山秦公……率先解俸为文忠筑专祠孤山之麓。"

苏轼对杭州的贡献前文已讲,由于这些作为,当时的浙江百姓家中皆有苏文忠公的画像,吃饭前都要在他的画像前进行祝祷,又在苏轼犹在世时为他建立生祠。到了清末,杭人哪怕是妇女小孩,都知道东坡先生。

而东坡先生生祠的遗址已经不可考,仅在四贤祠内春秋致祭,却没有专祠妥善安置先生之灵。于是浙江杭嘉湖道观察秦瀛率先捐出俸禄为苏公修筑专祠,此次便是建在西湖孤山。修筑速度也非常快:"役不藉民,工趋若鹜,不逾月而讫事。落成之日,都人士欣跃骏奔,以为七百年之坠典,得我公而克举。并请公文记其缘起。"

在修造过程中,劳役没有征集民夫,工人却自觉前来工地帮忙。落成那天,杭城上下皆欣然前往参观拜祭,以为是七百年废亡的典章制度,因秦瀛之举而得复兴,遂请了秦瀛作记文,记述此事缘起。这是嘉庆四年(1799)的事。秦瀛,江苏锡山人,字凌苍,乾嘉时期任浙江按察使,在浙江有惠政。

阮元在乾隆六十年(1795)调任浙江学政,嘉庆三年(1798)八月转授兵部右侍郎,此祠建成于该年七月,所以阮元离任前,祠正好建完,他就作了一首诗,名《西湖始建苏文忠公祠纪事》,诗曰:

苏公一生凡九迁,笠屐两到西湖前。
十六年前梦游遍,况今寥落七百年。

西湖之景甲天下，唯公能识西湖全。

公才若用及四海，德寿不驻湖山边。

……

三百六十寺兴废，竟无一屋祠公焉？

前年我来拜公像，聊以山水娱四贤。

柏堂竹阁今尚在，一祠毕竟公当专。

淮海秦公世及后，办此酿出清俸钱。

　　诗的前篇写苏轼个人与杭州的渊源，后篇写苏公祠的筑建事宜，具体内容一如前文所写，不再赘述。秦瀛主建的这座苏公祠在咸丰年间毁于兵火，同治五年（1866）巡抚马新贻重建。可见马新贻同时重建了白公祠和苏公祠。新建的苏祠，左楹名为"学海堂"，作为月课孝廉的场所。月课是明清时每月对学子的课试或武官武艺进行考校，孝廉在明清时是对举人的雅称。

　　阮元的诗表示秦瀛建的苏文忠公祠是杭州为苏轼建造的第一座专祠，应当是准确的。在南宋的《咸淳临安志》中有"苏文忠公祠"的条目，只是后面的解释是"见西湖三贤堂"，可见是指并祀于三贤祠中的苏公祠堂。

　　不论是两浙名贤祠、三贤祠、四贤祠、六贤祠，抑或先贤的个人专祠，宗旨总归是相同的。尤其是邺侯李泌、白公居易、苏公轼、杨公孟瑛，在杭州为官时皆造福一方、遗泽百世，不可谓不宏伟。

　　到今天，许多名贤祠在更迭变迁中不复存在，但杭人并没有忘记他们的恩德，白堤、苏堤、杨公堤即是见证。祠虽不在，感念如昔。

参考文献

1.〔宋〕潜说友纂修:《咸淳临安志》,《宋元方志丛刊》本,中华书局 1990 年影印清道光十年(1830)钱塘汪氏振绮堂刻本。

2.〔宋〕董嗣杲:《西湖百咏》,文渊阁《四库全书》本。

3.〔明〕张岱撰,马兴荣点校:《陶庵梦忆 西湖梦寻》,上海古籍出版社,1982 年。

4.〔清〕嵇曾筠等监修,沈翼机等编纂:《雍正浙江通志》,文渊阁《四库全书》本。

5.〔清〕吴骞撰:《西湖苏文忠公祠从祀议》,《昭代丛书》本,光绪间钱塘丁氏嘉惠堂刻本。

6.〔清〕陈璚修、王棻纂,屈映光续修、陆懋勋续纂,齐耀珊重修、吴庆坻重纂:《杭州府志》,民国十一年(1922)铅印本。

天后宫：妈祖威灵扬百域
升天古迹阅千秋

福建有女名林默，莆田湄洲岛人，逝世后当地人尊她为妈祖，立祠祭祀，享受香火，保佑百姓。妈祖是以中国东南沿海为中心的海神信仰，又称天妃、天后、天上圣母、娘妈等，是历代船工、海员、旅客、商人和渔民共同信奉的神祇。20世纪80年代，联合国有关机构授予妈祖"和平女神"称号。妈祖信俗也被联合国教科文组织列入了人类非物质文化遗产名录，成为全国首个信俗类世界遗产。

《福建省志》和《圣迹图志》等书中都有妈祖本传，对林氏女的介绍很是详尽，本文以此为据简介妈祖生平和敕封崇祀情况。

林氏世居莆田湄洲岛，是宋都巡检林愿第六女。林愿和妻子王氏平日好行善事，乐于施济，家中敬奉观音大士。二人年近四十的时候，仍然只有一个儿子，念及儿孙单弱，就朝夕焚香祷告，愿再得一个聪慧的孩子，以承宗祧。

因其虔诚，到了第二年，即宋太祖建隆元年（960）三月二十三日，王氏诞下了林默。因为是女儿，父母有些失望，但想到这是多年信奉所得，所以还是很疼爱她。从出生到满月，林女不曾啼哭一声，所以取名为"默"。

林默自幼聪颖，不似林家的其他女儿。她刚满八岁就到私塾读书学习，文义皆通，十余岁时，喜欢净几焚香、诵经礼佛。十三岁时，有老道士元通来林愿家，见了林默，高兴地说："这孩子似乎有佛性，他日应该能够得正果。"传说林默十六岁时能够乘坐席子渡过大海，能乘坐云朵遨游岛屿，众人称她为"通元灵女"。到雍熙四年（987）九月九日，林默道成飞升。这之后，多有人传说曾见林默身着红衣飞翔于海上，里人便为她立祠。

此后更多有传说其神迹，如北宋宣和五年（1123），给事中路允迪乘舟出使高丽，途中遇到海啸，七艘船都翻了，只有路允迪乘坐的那艘，妈祖为他降下了桅杆，平静了水面，让他获救。路允迪还朝后，将此事奏闻于天子，天子便为其庙特赐了"顺济"庙号。

又如南宋绍兴二十九年（1159），妈祖驾风荡平海寇。乾道二年（1166），妈祖又降于白湖，掘出泉水供染了疫病的人饮用，因而被加封为灵惠昭应崇福夫人。淳熙十一年（1184），福兴都巡检使姜特立捕捉寇匪，遥祷于妈祖，妈祖响应，姜特立向上级禀陈此事，妈祖获加封"善利"二字。庆元四年（1198），浙江福建一带发生雨水灾害，莆田人民请于妈祖，妈祖就保佑他们这一年获得了丰收。开禧二年（1206），南宋兴兵北伐，国家陷入战乱，莆田之民食不果腹，米船被风所阻，妈祖即调转风向，送米船到莆田。景定二年（1261），海盗侵扰百姓，夜里海寇睡在廊庑，妈祖纵火焚之。因这些传说"神绩"，妈祖累封助顺显卫英烈协正善庆等号。

妈祖在宋元明清四代受到的敕封多到不可胜数，以上只是两宋的一部分。屡屡敕封的原因正如上述列举，在敕封祭文中也有表述。比如南宋绍熙元年（1190）的致祭诏诰祭文，诏曰："古今崇祀岳渎，怀柔百神，礼所不废。至于有功国家、有裨民社者，报当异数。灵慈福利夫人林氏，灵明丕著，惠泽宣敷，累有御灾捍患之勋。"

诏文中的灵慈福利夫人林氏就是妈祖林默，她多次显灵，恩泽广布，几番抵御灾患，这是有功于国家、有裨于百姓者，所以享祀。

元明两代也多有敕封，天妃庙随之遍布东南沿海。到了清朝，大陆大量移民迁居台湾各地，妈祖文化随之迅速在台湾地区内传播开来，如今台湾地区有妈祖庙千余座，占全国妈祖庙的三分之一。

浙江沿海，所以妈祖的香火也很旺盛，庙宇也较多。杭州妈祖庙的庙名有天后宫、天妃宫、顺济圣妃庙等，这些庙额都来自朝廷敕封的封号。顺济圣妃庙是杭州最早建立的妈祖祠，在艮山门外，在就是宣和五年（1123）赐额"顺济"的那座。此祠在宋开禧和宝庆年间都有过重修。

宋宁宗时期的诗人、莆田人丁伯桂有《顺济圣妃庙记》，记曰："神林氏少女，能言人祸福，殁庙祀之。号'通贤神女'或曰'龙女'也。"这点是前文没有讲到的，林默能言人的祸福，这种说法流传也比较广。还有她的称号"通贤神女"和"龙女"，都是凭借她的神通而得到的称号。

记文中说在江口和白湖都有妈祖的祠庙，白湖的祠址是其在一个名叫章邵的人的梦中指定的。丞相陈俊卿就以地券在白湖奉了妈祖神位，立祠祭祀之。买地券是起始于两汉的一种随葬明器，在宋代流行并达到鼎盛，在古代民间被普遍使用。通常买地券作为随葬品放置在墓中，一般用石、砖、铁、木等刻写。古人认为逝者通过"买地"取得了在"阴间"的居留权和居住地。陈俊卿是进士出身，南宋名臣，以少保、魏国公致仕。

武林门内东北隅的天后宫则是清雍正九年（1731）总督李卫以天主教堂改建的。为什么要拆毁天主教改为天后宫呢？李卫在改建碑文中说道："自明季万历间，大西洋利玛窦入中国，造为天主之名，而其教遂蔓延于愚夫愚妇之口。其徒之入中国者，遂大兴土木，营建居室于通都大邑之中。我朝定鼎以来，圣祖仁皇帝念其人生长海外，远来就化。虽为说不经，然皆具心思知识，未必不可教导。"

当时杭州的天主教堂是天主教在中国蔓延开后建立起来的诸多教堂之一。自从利玛窦于万历十年（1582）来华传教，天主教经过人们口口相传，信众颇广，于是"大兴土木"，在通都大邑中营建教堂。

圣祖仁皇帝是指康熙帝。康熙三十一年（1692），康熙帝颁布谕旨，准许天主教在中国自由传播。在那个时候，传教士除部分人在宫廷任职外，大部分赴各地传教。据统计，到康熙朝中后期，中国的传教士达到了百余人，天主教徒有三十余万。但到了康熙晚年，开始禁止洋人在中国行教。

这个态度在碑文中也有体现，起初康熙认为洋人"未必不可教导"，所以允许传教士"居之京师"。以期"圣朝德化"之后能够"幡然改悟"。但结果是"岂知荒诞狂悖之见固结而不可解"，这就有了后来的禁教。

雍正登极之后，"洞烛其奸"，所以"黜其人皆归南澳"，就是把洋人教士通通遣返其故国，"不得盘踞内地"。而之前修建的天主教堂，皆"崇隆巍焕"，不是平民所能居住的，空置又难免倾圮，于是决定"去荒诞狂悖之教而移以奉有功德于苍生之明神"。这个有功德于苍生的明神指的就是妈祖。

改奉妈祖的原因文中也作了说明："鱼盐商贾出入于惊涛骇浪之中，计日而去，克期而还，如行江河港汊之间。而天后之神，实司其职。神之灵应，呼吸可通，功德之及民，何其盛哉。"

鱼盐商贾泛指在海上谋生的人，他们出入于惊涛骇浪之中，惊险万分，而妈祖正是保佑航海平安的神灵，她对百姓的功德，"何其盛哉"。李卫先是毁去了教堂里违制的建筑，将教堂改为祠宇，再撤去了原来的神像。改建后的天后宫"栋宇翚飞，金碧藻耀"，每到初一、十五，地方官吏就率文武官员在祠中奉香帛、陈俎豆，典礼非常隆重。

此祠的改建是雍正朝禁止传教带来的结果，后来又因为开始传教而改回了天主堂，这事发生在咸丰年间。当时，英、法等国入侵中国，发动第二次鸦片战争，强迫清政府签订了一系列丧权辱国的不平等条约，条约中要求允许天主教等在中国自由传教。

宗教自由本是百姓权益，但被列强强迫传教，却是国之耻辱，吾辈当谨记昔年之耻，引以为戒。

天后宫改为天主堂，妈祖就"失所栖"，因此选了三茅观旧址再建天后宫。当时的情形记载在丁申撰写的《孩儿巷天后宫重修碑记》中，记文写道："土木丹青，备极物力，凡碑楔钟鼓几筵之属，一一移致至用。大木巨缆，轹转像设，撼摇通衢，观者惊叹。及工成，而杭州再陷，越二年，同治甲子春，城再复，余自沪还……复访三茅观，所改新宫，摧残殆尽，仅一封号碑裂卧草间。"

由"土木丹青，备极物力"可知这次重建规模也很大，原先在武林门天后宫内的陈设，也移到了新祠中，包括"碑楔、钟鼓、几筵"等等。至于神像，是放在大圆木上，用粗壮的缆绳拉着向前移动，由于神像又重又大，让地面发生了巨大的震动，以至于"观者惊叹"。

清朝末年，社会动荡不安，新祠刚落成，杭州再次陷入战乱。

同治三年（1864），丁申从上海返回杭州，前往三茅观处的天后宫查看，但见新祠已被"摧残殆尽"，只有一块封号残碑倒卧在草间。国人往往对本地神祇的崇拜是很真挚的，所以尽管国家战乱频繁，地方百姓生活艰辛，祠庙的复兴却未曾停下脚步。毁于战火的天后宫开始了它的又一次重修。丁申等人先将残碑移回宫中，再到铜局寻得旧钟一口，悬挂在宫址。然后将重修天后宫一事告诉护抚院蒋益澧，得到了拨款一千五百缗。资费不足的部分，里人进行了捐集。

修葺后的新天后宫有二帝殿、吕祖阁，且有三间屋子用作游憩之所，就是从事休闲活动的地方，所用匾额是秋鸿馆的旧额。蒋益澧给有司发了檄文，命他们给新祠"月奉香，岁奉祀"，从此恢复了旧制。新祠相较前番，面积稍有拓宽，典礼也更为隆重。

丁申还在此文中提到了他家原有的藏书，这些书在战争中"历劫灰炉"，战后他又多番搜捕……说到这件事就要介绍一下丁申其人了。

丁申，杭州钱塘人，和弟弟丁丙号称"双丁"，都是晚清著名藏书家。他们的祖父丁国典和父亲丁英都是藏书家，家中收藏相当丰富。咸丰十年（1860），杭州文澜阁的《四库全书》在战乱中全部散佚，他们家藏的精品也没逃过这一劫。这就是他在记文中提到的"寒舍藏书历劫灰炉"的事。

战后丁申和弟弟丁丙不避艰险，四方搜寻和收购、补抄，得书近万册。光绪六年（1880），浙江巡抚谭钟麟重建文澜阁，提出想要补抄文澜阁书，丁氏兄弟极力搜访残籍，出其家藏图书，又奔波于书肆及断垣残烁之中，历时七年之久，得书三千余种，抄补残缺者八九百种，使"文澜阁"《四库全书》恢复了十之七八，丁氏兄弟有功于中国文化，也有功于杭州。

从光绪九年（1883）起，丁氏兄弟编刊《武林掌故丛编》，将存世的杭州掌故典籍多数包罗列入。他们还编著了《庚辛泣杭录》《武林坊巷志》《于公祠墓录》《北部诗帐》《北偶缀录》等，此外还办过一些社会慈善事业。本文所参考的书目《城北天后宫志》，也是丁申的从弟丁午所撰。

言归正传，继续说天后宫的事。上面的碑记，是同治七年（1868）春丁申所撰，这座碑是立在孩儿巷的天后宫内的。当时立此碑的原因是：孩儿巷内的天后宫没有一块碑铭记述此宫的始末缘由，所以丁申特为此撰文。

孩儿巷的天后宫也叫天妃宫，目前有光绪七年（1881）时的天后宫示意图存世。

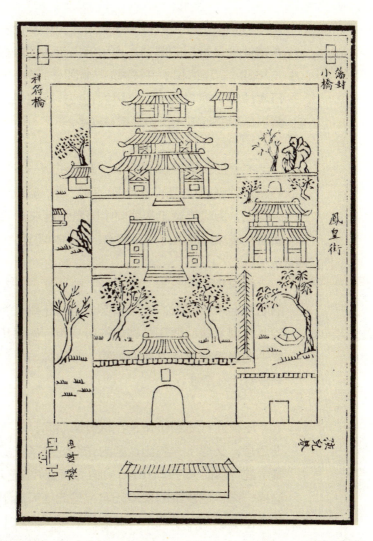

天后宫示意图

这座天后宫建于元朝，始建情形不详，清初康熙间有过一次重修，吴农祥和丁申都有记文，丁申记文中关于孩儿巷天后宫的这次重修参照的即是吴农祥的重修记。吴农祥也是钱塘人，家富藏书，是清初名士。

此祠的重修和清初学者汪楫有很大关系。康熙二十年（1681），汪楫做了一个梦，梦见他和同僚乔莱一起登上了一座山，山上有座碧霞元君庙，汪楫心疑这里供奉的是泰山神，就行了叩拜之礼，但是他发现神像的衣饰似乎是妃后的服饰。到了第二年，即康熙二十一年（1682），汪楫和中书林麟焻一同受命，前往琉球国（今日本冲绳）册封国王。汪楫为正使，林麟焻为副使。林麟焻是福建莆田人，和妈祖是同乡。

关于册封琉球国王的事，简单说明一下：琉球国从明朝开始就是中国的藩属国，明亡后，琉球继续向清政府朝贡，历代琉球王都要向中国皇帝请求册封。19世纪后期，琉球才被强行并入日本，设为冲绳县。

汪楫梦中的乔莱，字石林，而林麟焻字石来，两人的名和字中皆有对方的名和字，所以汪楫认为这个梦是预兆，预示着他要和林麟焻有所交集。如果是这样，那梦中的碧霞元君庙又作何解呢？泰山神与册封琉球之行并没有什么牵涉。

汪楫此行途经杭州，在杭暂居期间，于孩儿巷偶遇天后宫，又得了一封函，函内详细记录了天后的封号，其中就有崇祯十三年（1640）加封天后为碧霞元君的事，这样一来，他梦中的碧霞元君就是此处天后了，服饰也能合得上。他为了确认，又去找吴雯吴征君求证。吴征君和汪楫同在康熙十八年（1679）应试博学鸿儒科，又曾住在孩儿巷天后宫之南，所以他的记载应该是符合事实的。而据吴征君记载，天后确实获封过碧霞元君。

汪楫梦中的元素就是汪楫、林麟焻、天后宫，这既和杭州天后宫能对上，也和琉球天后宫能对上了。康熙二十一年琉球姑米岛山上正好在建一座天后宫。由前文我们可以推测，或许正是因为汪楫做了碧霞元君的这个梦，才在琉球建了天后宫。汪楫很有可能由他的梦推理，认为梦中的指示是让他在出使琉球的时候再建立一座天后宫。

到了道光十八年（1838），以翰林院修撰林鸿年为正使，编修高人鉴为副使的大型使团船队，浩浩荡荡地驶往琉球，册封新一任国王。此次南行，林鸿年和高人鉴也到孩儿巷的天后宫去拜祭。林鸿年本是福州人，道光十六年（1836）状元及第，是福建省在清朝时的第一个状元。林鸿年是妈祖同宗，高人鉴又是钱塘人，二人在天后宫祷告，获得了庇佑。

丁申在碑文中对上述两次使者的拜祭评价很多："古今治乱递更，其不随世异者，唯祠庙耳。"这是说，时代的变动，朝代的更迭，都不会影响到祠庙的兴废，这句话在很多祠庙兴废中可以得到验证。他又说，林麟焻和林鸿年都是妈祖同宗，又都在孩儿巷的天后宫祭拜，这样的巧合是"妙应洋洋，不可思议"。

清末动荡多灾，但这座祠庙始终没有受到战火波及，完好如初。相对于武林门天后宫的宏丽，这座天后宫"殿庭朴古"，庭前的两棵柏树，枝叶茂盛如羽葆。旁边又有一棵银杏，围绕它的都是有百余年树龄的古物，更显得祠宇古朴庄严。

庙中匾额载于地方志的也有很多，比如"灵扬域外"（高人鉴立）、"德媲慈航"（册封琉球副使从客庞文鸿立）、"四海咸宁"（成亲王永瑆立）……这些匾额都在称颂妈祖的功德和威灵。

《城北天后宫志》中还有一篇名为《重修杭州右卫左所天妃宫记》的碑文，是黄克谦所撰，这写的又是另一座天后宫。先说黄克谦。黄克谦出自金墩黄氏，是杭州金墩武林黄氏初祖，其先祖和后人中出了无数名杰。克

杭

州

风

迹

H A N G

Z H O U

谦字汝澍，赐进士出身，官至杭右卫军指挥使。

此碑文是陈学易所书，孔闻音篆刻。陈学易也是赐进士出身，任奉旨大夫，同是杭州人。孔闻音是孔圣人六十二代孙，世袭翰林院五经博士。这篇记文是编辑者从残碑上誊录下来的，残缺很多，所以关于此祠的重修只能了解个大概。

这座天妃宫在黄克谦的官衙左侧，此祠始建于明洪武年间（1368—1398）。记文中提到这样一个情形："余每过之，辄唏嘘流涕，不胜山阳西州之感。云忆昔结社时，余方垂髫。"

这是说他每每经过天妃宫，都会唏嘘流涕，不胜山阳西州之感。山阳和西州都是典故，完整的说法是山阳笛和西州泪，北宋刘敞有两句诗，"何须更听山阳笛，欲近西州涕自垂"，这两个典故的意义相近："山阳笛"是怀念故友的典实，"西州泪"则表示感旧兴悲，悼亡故友之情。由此可知，黄克谦是在为故人感到悲伤。据他文中的说明，可知他曾在垂髫之年和故人结社于天妃宫，那么他的故人是谁呢？文中列出了一些人名，残缺不全，但其中有晚明画家许光祚。

黄克谦和好友在此处交游时，天妃宫还是"轩爽阒寂""飞甍洞朗"。中间经历了什么不得而知，但年深月久，祠宇倾圮，所以郡人决定让天妃宫"复昔之景象"。主持重修工作的人是郡府的官吏，具体是谁，残碑中已然看不出，但黄克谦说他是"为时名宗"，又在称谓前出现"豫章"二字，所以应当是江西人。黄文称赞他"麟文降社，凤德垂世，无以过也"，这是形容其品德高华；又说他"见善必取，见恶必嫉"，所以郡中士人都和他交好。

在这样的前提下，这位府官提出要重修天妃宫，众人便"慨然出青蚨"，青蚨指铜钱。在这些人的倡议下，捐助者接连不断，天妃宫逐渐变得"轮奂辉煌"，往来之人无不抚掌称赏。工程开始于明万历三十二年（1604），到万历三十三年（1605）仲秋，新祠竣工。

在候潮门外萧公桥也有一座妈祖祠，这样算来，单出现在本文中的杭州妈祖祠庙就有六座，妈祖在杭州之兴盛可见一斑。

妈祖之盛不只在我国的浙江、福建、台湾等地，在东南亚地区也有妈祖崇拜，甚至欧洲、美洲、非洲都有妈祖的踪迹。妈祖生前没有多大的功绩，故去后却被沿海百姓祭祀，做到威灵扬百域，成为全世界华人的精神寄托，在文化传播上功不可没。

参考文献

1.〔清〕丁午撰：《城北天后宫志》，《武林掌故丛编》本，光绪七年（1881）钱塘丁氏刻本。

2.陈支平：《"一带一路"视野下妈祖文化传承与发展》，《中华读书报》，2021 年 5 月 12 日。

周元公祠：出泥不染周敦颐
功追孔孟尊正统

　　理学大儒周敦颐曾有祠在杭州，名"周元公祠"，晚清道光间此祠犹在。该祠始建于南宋初，至于具体时间，记载中说的是"不详其年月"，但应该是周元公的六世孙周天祐创建的。周天祐，字寿明，是周敦颐之孙周伯逑的后裔。这座祠的重建历史，见于记载的主要是清代，南宋及元明两代都没有碑记或重修志留存下来。

　　在介绍祠史之前，我们先介绍祠的主人——周元公。

　　周元公，即周敦颐，原名敦实，字茂叔，号濂溪，世称濂溪先生。他改名是为了避宋英宗赵宗实的讳，"元公"二字是他的谥号。古人一般以谥号称逝者，表示尊敬，所以后世称他周元公。

　　周敦颐是北宋名士，宋朝理学思想的开山鼻祖，又是著名文学家。他曾应邀与一群文朋诗友游玩聚会，兴之所至，大家便相约写诗作文。周敦颐一气呵成、挥笔而就一篇百余字的散文，这便是名传后世的《爱莲说》。

　　周敦颐出身汝南周氏一支，十五岁的时候父亲病逝，跟随母亲前往衡阳舅舅郑向处生活。郑向，进士出身，官至龙图阁学士、杭州知州。景祐三年（1036），郑向得到一次封荫子侄的机会，他把这次机会给了外甥周敦颐，周敦颐被封为分宁县（今江西九江修水县）主簿，他也自此步入仕途。

周敦颐享有祭祀并不是凭借他为官的政绩，而是他的理学成就，所以本文主要介绍他的学术影响和高尚品格。这并不是说周敦颐为官期间没有作为，史载其"治绩尤著"，更擅长刑狱。

比如书中有这样一则记载："有狱久不决，敦颐至，一讯立辨。邑人惊曰：'老吏不如也。'"这是说分宁县原来有一件案子，长久不能告破，周敦颐到任后，一经审讯，立时分明，当地人惊异地称赞道："有经验的老吏都比不上他呀。"

黄庭坚称周敦颐"人品甚高，胸怀洒落，如光风霁月。……廉于取名而锐于求志，薄于徼福而厚于得民，菲于奉身而燕及茕嫠，陋于希世而尚友千古"。

这个评价很高，是赞他人品胸怀如光风霁月，即是形容周敦颐的心胸就像雨过天晴时万物明净的景象。"廉于取名而锐于求志"，是说周敦颐不在意声名，而对自己的志向锐意进取；"菲于奉身而燕及茕嫠"则是说他自奉微薄而让孤寡得到安乐；"陋于希世而尚友千古"的意思则是轻视于迎合世俗而崇尚与古人为友。

黄庭坚本人也是一个为官清正、治学严谨的人，以文坛宗师、孝廉楷模垂范千古。他对周敦颐的评价如此之高，可见周敦颐品格之高尚是深为时人所重的。说到当时名士，与周敦颐有交集的颇多，比如范仲淹、胡宿、潘兴嗣、王安石等。关于周敦颐和王安石的关系，还有一则趣事。

此事载于宋本《元公周先生濂溪集》中，书中言道："荆公、子固在江南，二公议论，或有疑而未决，必曰：'姑置是，待他日茂叔来订之。'"荆公是王安石，子固是曾巩。这是说王安石和曾巩二人论道，有疑而不能决的地方，就一定说："暂且搁置，等他日周茂叔来评定。"

从这则故事可以看出两点：一是王、曾、周三人交情匪浅，二是周敦颐的学问和思想是高于王曾二人，且被他们所推崇的。这样说来，周敦颐的学问之高恐怕是普通人难以企及的了，他的理学成就更是有目共睹的。

理学是两宋时期的主要哲学流派，以儒家学说为中心，兼容佛道两家的哲学理论。周敦颐提出的"无极、太极、阴阳、五行、动静、主静、至诚、无欲、顺化"等理学基本概念，为后世的理学家反复讨论和发挥，构成理学范畴体系中的重要内容，使他成为宋明理学的开山祖师。

周敦颐一生留下两篇义理著作，一篇《太极图说》，一篇《通书》。《太极图说》探求义理的精微，《通书》阐发学说的体系。

两宋新儒家的建立，在学理上，最大的贡献来自周敦颐《太极图说》"无极而太极"的论断。在中国儒学史、哲学史上，《太极图说》第一次提出了"无极"的概念。"无极"是天地万物的本原，"不言'无极'，则不足为万化之本根；不言'太极'，则不能为万物之资始"。这个世界需要寻找它的本原，万物需要寻找它们的关联。

《通书》共四十篇，是经周敦颐重新梳理的儒学体系。周敦颐最推重"诚"的概念，他说，"诚者，圣人之本"，"诚，五常之本，百行之源也"。他这样肯定"诚"，就是坚信人类具有真诚善良的本性。他将"诚"这一个普通术语提升到宇宙生成和抽象哲学范畴的高度，从而深化了、更新了伦理学的内涵。

"诚"与"无极"就是周敦颐哲学思想的精髓。历代以来有很多学者称周敦颐是"上承孔孟，下启程朱"，是儒家继孔、孟之后的第三位圣人。"程朱"是程颐、程颢和朱熹，而程颐、程颢是周敦颐的弟子。

《宋史》载："掾南安时，程珦通判军事，视其气貌非常人，与语，知其为学知道，因与为友，使二子颢、颐往受业焉……二程之学源流乎此矣。""掾南安"是指周敦颐任职南安军司理参军，彼时程珦通判军事。程珦见周敦颐气貌非凡，与他交谈后，认为他"为学知道"，于是和他成了朋友。"为学"是指做学问，知"道"在此处可以理解成周敦颐有自己的哲学思想。程珦就是二程（程颐、程颢）的父亲，他让自己的两个儿子前往周敦颐处受业。后来二程继承发扬了周敦颐的学说，和周敦颐一起成为宋明理学的奠基者。

嘉祐六年（1061），周敦颐迁国子监博士，通判虔州。路经江州时，见到庐山胜景，心中爱慕，就生了定居庐山的想法，于是在庐山山麓修筑了一间书堂，堂前有溪，溪水的源头在莲花峰下，周敦颐就命名这条溪为濂溪。

熙宁五年（1072），周敦颐不幸感染了瘴疠，辞官后定居在庐山濂溪书堂，次年六月七日病逝于此处，终年五十七岁。周元公的儿子周寿、周焘于十一月二十一日葬先生于仙居县，潘兴嗣写了墓志铭，蒲宗孟作了墓碣。

周敦颐的谥号"元"，是南宋宁宗嘉定十三年（1220）

所赐。到了理宗淳祐元年（1241），再封汝南伯，从祀孔子庙庭，这也确定了周敦颐的理学开山地位。除了从祀孔子庙庭，周敦颐还有专祠，比如曾筑于西湖的周元公祠。

虽然没有确切的始建时间，但据周氏后人考证，这座周元公祠大概是在南宋建炎年间（1127—1130）建的。祠的规模和形制都无考，位置是在"西湖之滨"，岁久倾圮后，重建到了清波门外的钱家湾。

迁到钱家湾是在至元延祐间。至元是元世祖的年号，指的是从公元1264年到公元1294年；延祐是元仁宗的年号，指从公元1314年到公元1320年。这样的表述说明重建迁址时间也是很模糊的。

到了清康熙五十一年（1712）春，姜橚檄令重建周元公祠。姜橚是康熙二十四年（1685）进士，他于康熙三十九年（1700）提督两浙学政，就是在任督学期间重建的祠庙。落成后高熊征写了碑记，碑在晚清就已不存，但碑文载于史籍。记文名为《重修周濂溪夫子祠堂记》，文中写道："公将以正学收一世之人心……道维此邦之风教，不徒为崇庙貌，修祀事已也。告成之日，举释□之礼，奉奠荐献，挹其风采，置祠生，俾世守。"

开头这段正好说明了为什么杭州历代都在祭祀周元公，"公以正学收一世之人心"，指出了周敦颐理学思想对后世的积极影响，建祠庙也"不徒为崇庙貌"，而是为了保全"此邦之风教"。祠庙告成后，奉奠仪，供祭品，又给祠堂置了祠生，让其世代守祠。

最开始的祠址只说是西湖之滨，具体位置也不详，清波门也在西湖旁边，或许原址旧址相去不远。康熙间的这次重建还是选址清波门，高熊征在记文中写道："基址面西湖而背吴山，左右双塔耸峙，六桥三竺，环绕其间。春则桃李争妍，无穷生意；夏则芙蕖吐艳，不断清香。仰观俯察，何者非道之隐寓（喻）。天不爱道垂其象，圣贤见道悟以心。"

基址面西湖而背吴山，正是古清波门的位置。西湖本来形胜，这个祠址也是选在灵秀之处。不仅塔寺环绕，又春有桃李，夏有芙蕖，"仰观俯察"，这些景致中都有道的隐喻。正因天爱道所以降下这样的景象，圣贤到这里也能够悟其心。这次工程耗时一年半，到康熙五十二年（1713）冬竣工，浙江巡抚张泰交题了庙额。

到了雍正八年（1730），祠又废了，制军李卫请旨拨发帑金重建。落成之后，周敦颐裔孙、生员周惇等请李卫写了祠堂记。记曰："濂溪夫子祠之建于湖滨也，始自建炎南渡，历数百年于兹矣，期（其）间风雨之漂（飘）摇，鼠雀之涴剥，瓦砾荆榛，仅存其址。今天子……诏修先贤祠宇，而杭郡西湖之间，如朱文公、二程夫子以及忠贤节义诸祠，一时并举，靡不焕然维新，况濂溪夫子道宗。"

此处李卫述说有误，他讲到"始自建炎南渡，历数百年于兹矣，期（其）间风雨之漂（飘）摇，鼠雀之涴剥，瓦砾荆榛，仅存其址"，是说这座周元公祠从建炎间建立到雍正八年，历经数百年的风雨飘摇、鼠雀涴剥，已经变得尽是瓦砾杂草，只剩下遗址了。上文已经写到，康熙五十一年这座祠是重建过的。李卫这样说，足见不过十七年时间，祠又变成了废墟，有点匪夷所思。

不过他还提到了一点值得说明一下："今天子……诏修先贤祠宇，而杭郡西湖之间，如朱文公、二程夫子以及忠贤节义诸祠，一时并举，靡不焕然维新。"今天子即是雍正帝，在李卫任职浙江期间，杭州的很多古迹都被重修或重建，如文章提到的朱文公祠、二程夫子祠，以及其他的塔、寺、桥等。古迹的修复和保护是对文物流传做出的重要贡献，李卫在此间功劳极大。

重建后的周元公祠庙貌如何呢："祠以内栋宇严邃，笾豆静嘉，秩秩如也。祠以外六桥花柳，吐秀争妍，何莫非，阶草不除之生趣也；湖天澹荡，景色空明，何莫非，光风霁月之襟怀也。行歌赠答，俯仰流连。"

祠内栋宇森严，祭器洁净美好，有序而肃静。祠外是六桥花柳，吐秀争艳，有阶草不除的生趣，也有湖天澹荡的空明景色。记文作于雍正九年（1731）十月。有司春秋致祭，每年拨给岁修银八两。

乾隆年间，没有周元公祠的修葺史，但在乾隆南巡之后，有司衙门为此祠涂了一层丹腰，就是红色颜料，又将祠史载入《西湖志》中。嘉庆二年（1797），祠庙进行过修补。

再下一次的重建便是在嘉庆二十年（1815），周元公裔孙周清渠等呈请复建。呈请文书写道："世祖宋汝南伯濂溪周公，祠宇坐落在台治清波门外钱家湾。祠庙年久失修，现在此祠自门头，以及前后殿、侧房、祭品房，都已经倾毁，木料祭器朽失无存。时蔓草遍野，目击凄然。"钱家湾即在如今的柳浪闻莺南面的学士公园东侧。

时隔八十多年，清波门外的周元公祠又变得"蔓草遍野，目击凄然"了。祠庙的门头、前后殿、侧房、祭品房，都倾毁不存，用具如木料祭器也朽坏或遗失。又有无赖子孙私自出售祠庙的土地，还有左右邻居的恶意侵占。周氏后裔访问周元公神位，说是迁到了高德社庙。每年的八两岁修银也没有下发，春秋致祭也没有继续进行。因此种种，他们才急于请修。

呈请文是在八月上交县衙的，九月初五县主陆某转呈上级府衙，各级官员就遴选了人员前往勘查估算，循例拨款兴修。直到嘉庆二十二年（1817），周清渠等人才领到拨款四百八十八两六千四分八厘，在冬日开的工。建到后来银钱不够，周家后人倡议捐款补齐。嘉庆二十四年（1819），祠宇竣工后李宗昉写了《重修周元公祠记》。李宗昉是嘉庆间进士，曾督浙江学政。

新祠改了祠宇的朝向，由西向改为了西南向。景色也极雅致，左右山水回环，万松掩映。祠的前部为正殿五间，供奉周元公栗主，后部是五间寝殿，外加东西各殿，都供奉的是周元公的亲属。虽然在族中募捐了经费，但还是有缺，所以祠的前墙门厅都没有完备。所造的殿楼共计一十九间，花费银钱四千缗。截至道光二年（1822），祠还在西湖之湄，周氏族人将宗谱奉在祠内橱中。

周元公祠今已湮没，或许未来也会有重建的一天。不论祠宇兴废，周元公的功绩都是彪炳史册的，正如宋朝学者胡宏对周元公的评价："一回万古之光明，如日丽天，将为百世之利泽，如水行地。其功盖在孔孟之间矣。"

1.〔清〕梁诗正：《西湖志纂》，文渊阁《四库全书》本。

2.〔清〕周勋懋纂：《重修西湖周元公祠志》，道光二年（1822）稿本。

3.周庆：《北宋思想家周敦颐与政治家王安石之关系考》，《文史杂志》2018年第3期。

4.张京华：《周敦颐哲学思想是人类共有的精神财富》，《湖南日报》，2017年4月20日。

周宣灵王庙：渌渚周雄传孝道
非遗祭礼扬文化

　　杭州富阳渌渚镇曾有一位名叫周雄的人，因特别事迹享受祠庙祭祀，庙名"周宣灵王庙"。现在的渌渚镇每年举行的"周雄孝子祭"即是纪念周雄，还在镇上建立了周雄纪念馆。

　　曾任严州知府的钱广居写有一篇《周宣灵王庙碑记》，介绍了周宣灵王的生平和身后事，此文见载于多个地方志。

　　我们先来了解周宣灵王的事迹，钱广居碑记写道："神周姓，缪宣名，临安新城县太平里人。生宋淳熙戊申岁三月初四日。母汪氏梦九龙吐水浴身，及觉，异香满室，遂降生也，父名荣。"

　　神姓周名缪宣，周缪宣是后来改的名字，本名是周雄。改名原因是与他父亲周荣的名字"邻音"，为了避父亲讳，便由周雄改名为周缪宣。周雄生于南宋淳熙十五年（1188）三月初四，传说母亲汪氏怀他的时候梦见九龙吐水，洗浴她的身体，醒来后满室都是奇异的香味，随后周雄降生。

　　周雄三岁的时候，他的母亲就谢世了，父亲后来也殁了。周雄就孝事继母，抚养二弟，十分孝顺有爱。二十三岁的时候，周雄见家道艰难，就放弃学业去从商了。他带着资产前往姑苏六沙村的金家住了三年，有一天忽然梦见母亲生病，醒后马上收拾行装回家。等他到家的时候，母亲已经"气将绝"，周雄对天哭泣祈求道："我愿意以身代母亲，如果母亲康复，我许以肉身灯。"肉身灯是指遍体挂钩燃灯，后来因是流弊，被朝廷禁止了。

相传周雄年少时，有位神仙指出他能活四九之数，四九即是三十六。周雄只是将神仙的话默记于心，不让母亲得知，唯恐母亲伤心。母亲对这位神仙说道："我儿什么时候能结婚呢？"神仙告诉母亲："数有所限，当在三十七岁以后，早了不合宜。"

周雄回家之前，姑苏金家的金六、金七两兄弟储备了几斛花椒，母亲病愈后，周雄到杭州脱货。正值杭城有灾疫，必得花椒来防治，一时间花椒价比黄金，救活的人数以万计。周雄把钱分给两个弟弟后，前往衢州行商，住在武源村贩木材。这样过了四年，周雄运送木头到杭州，遇上杭州有火灾，木料以几倍的价格售出了，自此家道也充盈了。周雄在家住了半年后辞别母亲再往衢州，母亲询问他归期，周雄回答："这一去恐怕归期不可预定。"又嘱咐两个弟弟好好奉养老母。

在衢州几年后，因衢州干旱不雨，山涧断流，周雄就到土地庙问卜。卜问的结果是无雨，周雄气恼地拂袖而出。传说周雄走了几步忽然回头，发现泥神在他身后用手招他，他心知这是自己的大限已到。因急着回家见母亲，他舍了舟，步行到鸬鹚滩，不曾想在这里失足坠了水，顷刻间巨浪层翻，猛如蛟龙起伏。

周雄就此丧命，身体溯波而上，直至衢州水亭门外，浮沉不定。有认识他的人说这是临安周郎，他从小就有异象，当是神人。果然尸身过了三天发出馨香，数十里都闻得到，众人惊异不已，于是为他建庙塑像，奉祀于衢州城西。

周雄的临安同乡有在衢州的，回家后对临安人形容这桩异事。周雄母亲听闻后，奔赴衢州，到了庙中，祝告道："如果你果真是我儿子，当不受我之拜。"说完准备跪下，膝盖还未着地，塑像法身就立起，并手指皆竖，头转向左，似乎是不忍心看的样子。周母于是亲自扶灵回家，将其葬在城西方家坞，这年是嘉定十六年（1223），周雄正好三十六岁，果然应了四九之说。不论是神灵，还是由人而封为神的情况，这些灵异传说作为故事了解即可。

到了端平元年（1234），封周雄为广平侯。嘉熙二年（1238），太后生病，神代医师为国母投药，太后服药后立时生效。皇帝问其姓名，神说我是浙江周缪宣，说完就不见了。皇帝感到奇异，就遣了使者到浙西去打探，寻问果然如此。皇帝嘉奖周雄之能，称他孝于亲，忠于国，于是在淳祐元年（1241）敕封周雄为护国广平正烈周宣灵王。元仁宗延祐二年（1315），睦州大旱，借着周宣灵王的神灵庇荫，当地百姓方得平安，士民就立周宣灵王庙于澄清门。往后几百年里，传说中周雄显灵的事迹不可胜数。

明清交替之际，战事频频，严州人民人心惶惶，纷纷到周宣灵王庙去求告神灵，卜问前程，神赐筶说："静安动危。"就是说不要妄动，守在家里就可保平安。不信的人举家逃走，结果多半在路上被劫掠了。

顺治三年（1646）三月，有残兵拆城毁屋，月光下看见周宣灵王身穿红衣，头戴金幞，在城南往来游走。到了五月二十八日，传闻有大兵渡江，残兵被驱散，地方遂以神能御灾捍患而祭祀他。后来严州子民在庙内增祀了周雄的父母，来完成他的纯孝心事。

杭州境内见于记载的周宣灵王庙也不少，只是很多都已不存。比如《杭州府志》中记载的有天目山南龙源桥东和南汤村各有一座；《杭县志稿》记载的在小林横山，嘉定四年（1211）立的庙；而《严州府志》记载的是在三元坊，庙名"宣灵庙"。

宣灵庙建于明嘉靖年间（1522—1566），俞稷作了碑记。康熙五年（1666）重修过，何士锦作的记文。乾隆十五年（1750）里人公捐重新修整，郡守吴士进、同知史凤辉、副将靳维枫、知县王宾、教授孙王纶、山阴胡书源等人均有碑刻，建德籍官吏吴谦志和沈逢舜也有

周显灵王殿

记。吴谦志的碑记载于《建德县志》，记文概述了重修始末，也讲了当地对周雄的信奉和祭祀情况。记曰："吾郡之祀周王也旧矣，向闻诸父老曰神之最显著者莫如宣威桥之庙，盖今之三元桥即昔之宣威桥也。以商文毅公大魁天下，建坊庙左，因易今名。前郡钱公记云，宋延祐二年吾郡汗潦，藉（借）神庇荫得锡平康，士民因庙祀焉，经今五百余年矣，忆余为诸生时，肄业文渊书院，晨夕由兹往来。每谓此庙地乘府治龙脉，惜其卑隘。若大而新之，与西北隅之奎阁遥相对峙，不第系一郡观瞻。更足起人文之瑞，素有志焉而未逮。"

据吴谦志所言，建德有不止一座宣灵庙，但最灵验的是位于三元桥的这座。三元桥原名宣威桥，宣威这个桥名似乎是指宣灵王之威，或因桥旁有宣灵王庙。而改名三元桥的原因则是严州出了一位"三元及第"的文毅公商辂。商辂正是浙江严州府淳安县（今杭州淳安）人，官至少保、吏部尚书兼谨身殿大学士等，谥号"文毅"，也是杭州古代的名士。

科举制度分别称乡试、会试、殿试的第一名为解元、会元、状元，合称"三元"。接连在乡试、会试、殿试中考中第一名，称"三元及第"，又称"连中三元"。三元及第是科举制度下古代读书人渴望得到的最高荣誉，中国古代所有读书人获得过这一称号者也寥寥无几。商辂大魁天下后，在宣灵庙之左建了一座坊，所以宣威桥改名为三元桥。

文中还提到了钱广居的碑记，述及初建祠庙的概况，这在前文已经讲过。只说时隔五百多年后的宣灵祠的重建缘由。吴谦志是乾隆年间进士，他说他在严州做诸生的时候，在文渊书院学习，每天早晚都要路过宣灵庙。此庙位置极佳，可惜庙宇颇为浅陋，如果能够扩大面积，重新修葺，与城西北角的奎阁遥相对峙，可为严州城的一大景观。因此，吴谦志"素有志"于修葺宣灵庙但没有来得及去做。

"庚午春，余亲友沈逢原、饶鼎□、夏嵩年、柴嘉懦、陈遐年、柴嘉祝、马自张、柴式钰、田蓝、王大朋等十余人，约同里而谋。桥梁道路，王政之大端，祀典神祇，立国之大事……四街与情，莫不踊跃，各书姓名捐金于簿。鸠工庀材，越四寒暑，至癸酉讫工。更购民舍创偏殿于庙侧，以为官厅。客座高阁，周建长廊四起。昔之隘者广，卑者崇，暗汶者轩豁，樸陋者丹臒。四方人士咸称斯庙为合郡冠。"

到了庚午年，即乾隆十五年（1750）的春天，吴谦志在建德的朋友们相约谋划修复郡中的桥梁道路等，人员如上述引文。其中沈逢原当是沈逢舜之误，沈逢舜和吴谦志是建德同乡，都是乾隆间进士，《严州府志》记载的是沈逢舜。

倡议重修的是上述十余人，但出资的是郡中乡民，"四街与情，莫不踊跃"，都捐金并且留名于功德簿。筹集资金后，鸠工庀材，经过了四个寒暑，到乾隆十八年（1753）才完工。相对于前番"卑隘"的祠庙，新竣工的宣灵庙广崇轩豁。又加购民居创了偏殿，作为官厅，四周也建起了长廊。如此这般的新祠，得四方人士称赞为合郡庙宇之冠。

吴谦志当时在福建做官，没有办法亲任辛劳，但也很高兴自己的夙愿得酬，所以捐出俸银襄助此盛举。庙中配祀了胡靖一，任都总管之职。胡靖一名胡连，字玉璋，辽阳人，生于元世祖至元二年（1265）五月初九日辰时，《严州府志》说他"生平存心忠直，秉性刚介"，打仗一直打到了浙江，因军功封为都总管。享祀之后，屡屡显灵，有求必应，威灵最著。

乾隆五十五年（1790），这座庙再度重修。嘉庆七年（1802），庙中增建了燮元宫。同治十年（1871），吴逢庆等醵金再修。吴逢庆是严州人，出身于书香世家，以进士身份入翰林院，官至五品，后回故里任严州学府十三县学监，为社会培养了大批有识之士。光绪十五年（1889），又捐了造客堂。

还有一座周宣灵王庙位于澄清门，这是宣灵王的古庙，名为灵顺庙，据说是古招商神祠。具体是在澄清门内的辑睦坊，庙内立钱广居碑。到了咸丰十一年（1861），庙毁于兵燹。同治五年（1866），吴贡书等再醵金重建。光绪七年（1881）冬，市民捐金重修。

南宋敕建大孝子周雄牌楼

今杭州渌渚镇有孝子湾文化公园，是纪念周雄的重要场所。杭州每年举行的"周雄孝子祭"经国务院批准列入第四批国家级非物质文化遗产代表性项目名录。渌渚镇的周雄纪念活动还有很多，比如建立"周雄纪念馆"、成立周雄研究分会、出版《周雄传奇》一书、建立周雄事迹陈列室等。

但最著名的还是"孝子祭"。"孝子祭"是富阳区有名的民间信俗活动，在每年的三月三、九月九举行，四里八乡的村民前往渌渚周宣灵王殿祭拜，演戏酬神、商贸集市、走亲访友，保持着传统庙会的原始风貌。

作为孝子湾文化公园的主体工程，周雄纪念馆由一个三层主馆、两个副馆（孝风馆、孝行馆）、一个回字长廊（孝子廊）组成，由孝子周雄主体展厅、祭祀周雄主体展厅、孝子祭非遗主体展厅、孝风馆、孝子廊、孝行馆和孝廉馆等七个区域构成。

周雄孝子祭的祭祀活动每年都热闹非常。队伍抬周雄像到孝子湾广场，一路上响锣开道，锣鼓队、钢叉流星队紧随，然后是八人大轿抬着周雄像，后面跟着舞狮队、竹马队和禅灯队，沿路村民前呼后拥，虔诚祭拜。典仪先是奏乐，上香，献三牲供品、五谷稻穗；再是恭读祭文、三跪九叩、焚烧祭文等；之后是舞狮队、竹马队、禅灯队等表演。

现在流传的周雄的故事很多，真假难辨，宣扬的是他的仁义忠孝，其中，最重要的是孝。中华民族从来都是极重孝道的，如汉文帝侍母、董永卖身葬父、卧冰求鲤等孝子故事，都是为了教导儿孙感念父母养育恩德的。一个孩子的成长历程中，父母付出了无数的心血和精力，身为子女，应该懂得爱重父母，理解父母的苦心。

参考文献

1.〔清〕马如龙修:《杭州府志》,康熙二十五年（1686）刻本。

2.〔清〕吴世荣修:《严州府志》,光绪十六年（1890）刻本。

3.〔清〕嵇曾筠等监修,沈翼机等编纂:《雍正浙江通志》,文渊阁《四库全书》本。

4.〔清〕陈璚修、王棻纂,屈映光续修、陆懋勋续纂,齐耀珊重修、吴庆坻重纂:《杭州府志》,民国十一年（1922）铅印本。

5.〔民国〕夏曰璈、张良楷修,王韧纂:《建德县志》,金华朱集成堂民国八年（1919）铅印本。

6.汪坚青修,姚寿慈撰:《杭县志稿》,抄校本,年代不详。

勋贤祠：阳明先生创心学
门人立祠祀先师

　　杭州勋贤祠奉祀的是明代心学大师王守仁，这座祠曾经有过非常辉煌的历史，但在清朝中期，祠庙就已经湮灭无存了。

　　王守仁是明代大儒，是杰出思想家、军事家，浙江余姚人，弘治十二年（1499）进士。阳明是王守仁的号，因曾讲道于会稽阳明山中，学者称之为阳明先生，亦称王阳明。嘉靖七年十一月（1529年1月）逝世，时年五十七岁，谥号"文成"。

　　明武宗正德元年（1506），宦官刘瑾擅政，王守仁上疏论救，因而触怒刘瑾，被杖四十，并贬至贵州龙场当驿栈的驿丞，他就在当地讲学授徒，悟出"心学"的基本理念。后来任江西巡抚、南京兵部尚书、总督两广军务等职，多次镇压江西、广西等地民变。又在正德十四年（1519）平定宁王朱宸濠之乱，因功晋封新建伯爵位，明穆宗继位后，追赠新建侯。

　　阳明先生一生仕途坎坷，但治学不倦，成就卓著。他创立的"心学"思想体系，积极追求个性解放，冲破了"理学"的传统观念，在封建社会后期产生过重要影响，堪称学界巨擘。他的教育思想敢于反对旧道学的禁锢，有着浓烈的创新精神。他不仅文韬武略，还是一位治世能臣。清代名士王士禛称赞他"立德、立功、立言，皆居绝顶"，为"明第一流人物"。

明世宗嘉靖初王阳明辞官，回乡讲学，在浙江绍兴、余姚一带创建多处学院，弘扬他的学说。阳明先生弟子极众，世称"阳明学派"或"姚江学派"。该学派提倡"心即理""知行合一""致良知"等学说，阳明学派是明朝中晚期思想学术领域中的一个著名流派，后传于日本，对整个东亚地区都有较大影响。

阳明先生逝世后，他的弟子在玉皇山南麓为他创建了祠堂。杭州城外原本有天龙寺、天真寺等，王阳明曾多次行经此处，讲习学业，也生过在这里筑屋隐居的念头。嘉靖九年（1530），王阳明的门人佥事王臣，揭阳薛侃，会稽钱德洪、王畿等共同筹资，购买废寺山地，建起祠堂，称天真精舍或天真书院，春秋两次祭祀。为了继承阳明先生遗志，他的弟子在书院讲会不息，传播其学。

后来在勋贤祠内的燕居堂配享了他的部分门人，包括薛侃、邹守益、欧阳德、王艮、王臣、刘魁、钱德洪等。另有萧廪和陈善配享。萧、陈二人是因为对勋贤祠有功才飨祀祠中，这座祠存在时间虽然不长，但也经过了几次修整。

先是嘉靖十五年（1536），浙江巡按御史张景、提学佥事徐阶，购置田地，重新扩修了天真书院。嘉靖三十三（1554），浙江巡按御史胡宗宪、提学使阮鹗指示大力扩建祠堂。操办的人是欧阳德，邹守益撰有《天真仰止祠记》讲述原委。此次扩建后的书院规模大了很多。原来的祠宇中间是祠堂，后面是文明阁、藏书阁、望海亭，左边是嘉会堂、游艺所、传经楼，右边则是明德堂、日新馆。

新建的天真书院将祠堂部分改建到天真上院，距离讲学部有半里的路程，祠中还是有弟子衬祀。祠堂左侧为叙勋堂，右侧为斋堂，后崖是云泉楼，前面是祠堂大门。形制上与旧祠堂是一样的，不过厅堂的名称都换了。

祠门左侧直通慈云岭，中间的磴道横亘如拱桥，祠堂的牌坊便立在岭上，题为"仰止"。磴道向下接着的是书院，百步建一亭，共三座亭子，亭名分别是"见畴""泻云""环海"。祠堂以右，拓建为净香庵，住着守祠的僧人。这些合起来就是祠堂的全部。这片建筑群之外另有一个大门，门额题为"阳明先生祠"。大门外有半垣池水，池上跨桥，桥名为"登云桥"。

由邹守益的这些记载可知，此次的扩建让阳明先生祠规模更宏大、结构更完整。祠堂、牌坊、亭台、庵宇都有，自然景观也被合理地规划其中，除奉祀先贤之外，俨然成了一个观赏游乐之所。

到了嘉靖三十六年（1557），总督胡宗宪再次重修祠宇，这次主要以改进自然风景区为主，包括开辟山洞、修筑丹梯、凿泉引水等，题记描述了这次改建成效，记曰："采十真以临四眺，湘烟越峤，纵足万状，穷岛怒涛，坐收樽俎之间。"这是形容其形胜，以至于"四方游者愕然，以为造物千年所秘也"。

王守仁的好友，明代另一位大儒湛若水写了一首《天真精舍诗》，诗中描写的即是此时的天真书院，诗曰：

> 迢迢访天真，历历登斯堂。
> 洒落南高峰，睥睨临钱塘。

地位高且深，如道不可量。

哲人久已逝，山水空遗光。

龟畴列方位，显设大文章。

平生未一试，千载怅相望。

我来生感慨，久要不可忘。

陈词之不足，继以奠心香。

阳明先生祠至此就达到了它的全盛期，但这样的盛况仅仅保持了二十多年。万历七年（1579），明神宗下令毁去天下书院，这不是明朝第一次禁毁书院了。明朝后期，政治日益腐败，思想控制越来越强，所以在嘉靖、万历、天启间，多次禁毁书院。

万历七年这次禁毁书院和王阳明之学也有很大关系。内阁大学士徐阶以阳明先生再传弟子的身份在北京大开讲会，邀请了部分阳明高足主讲，而这次讲会同在内阁的张居正也参加了，但张居正对此次讲学多有不满。

万历初，张居正取代徐阶等成为内阁首辅，他乘着万历改革雄风，禁讲学而废书院。天真书院在这次风波中被毁得非常彻底。诏令书院改为官署，书院所属粮田尽归里甲，不许聚集游食、扰害地方。还敕令各巡按御史、提学官查访上奏。

诏令一下，地方豪强和寺僧相互勾结，一哄而起，迫使地方官将天真书院列在了当收缴、毁弃之列，然后分占田地，砍伐树木，拆夺屋料。没过多少天，山都秃了，殿宇业已夷平，近五十年的经营，终为茅草所掩。天真书院在时代的怒涛中被摧毁，但王阳明的祠堂在几年后得到了重建。

万历十二年（1584），都御史萧廪、巡按御史范鸣谦上奏，请求复建阳明祠。萧廪言道："故臣若基若谦若懋，或以功祠，或以德祠，亦或有以赐额祠者。守仁之功，视基视谦无愧……宜有特祠以垂永久。"

第一次为王守仁建立祠堂，是其门人自发组织，捐金筹建，后来为书院所累祠堂也毁了。这一次萧廪就上书请建，走官方渠道，为阳明先生重建祠宇，立祠原因就是王阳明的"功"和"言"。萧廪将守仁之功与明初的刘基、于谦相比，言其功大，阳明心学的影响之广之深也就无须赘言了。

距离禁毁书院不过五年，这次请旨重建的虽然只是祠堂，而非书院，但还是受到了一些波折，毕竟天真精舍的本质也是阳明先生的祠堂。收到萧廪的奏章后，朝廷明确指示："近时私创书院，已经拆毁者不得概复。"又下令查核原先造祠是否是动用了官中钱粮以及田产的来源。

礼部和吏部核查后，上奏说原设施是阳明先生祠，乃门人捐金所建，并不是花费官中的钱粮建置的，与里人、寺僧也无关系。之所以作书院用，是因为祠中士人生徒往来较多，他们就称其为书院了。

这个说法是对的，但不全面，因为动用官中钱粮修建的事情被瞒报了。嘉靖十五年（1536）张景等重修书院时，将荒废的寺田八十多亩划归天真书院，又出法台赎金三百两，购置九十多亩地归入祀田，这些都属于官方资产。胡宗宪两次改建的资费来源更是模糊不清。瞒报的结果是万历帝批准了建祠请求，此番重建也只建立了祠堂。正因如此，喻均编纂的《勋贤祠志》对这部分也着意回避，既没有追述天真精舍曾经的辉煌，也没有编入黄绾、邹守益等人的记文。

只说萧廪上言后，得到万历帝为阳明祠堂赐额"勋贤"。萧廪得到批复后，请了陈善主持"修复祠宇，鸠置祀田，纂刻祠志"，祠前又建了大极亭。萧廪再撰《勋贤祠记略》，记中记载了重建始末。陈善是嘉靖二十年（1541）进士，编纂了万历版的《杭州府志》。祠于万历十二年（1584）三月落成，八月即举行了首次秋季祀典，郡府官员尊制举祀。重建后的勋贤祠"天章星垂，朱甍云列"，可见颇为庄严华丽。

收缩为单纯祠堂的勋贤祠，在皇帝赐名的庇护下继续维持。但再没有曾经士人往来、着意经营的兴盛景象了。在风雨的剥蚀下，祠宇逐渐"塘瓦败穿，丹垩剥蚀，积且颓圮"，阳明后学对此祠再一次进行了修葺。

万历三十四年（1606），两浙巡盐使左宗郢以王阳明私塾弟子的身份，积极与钱塘令聂心汤"同德协力，相与谋饰"，重修勋贤祠。鸠工于万历三十五年（1607）三月，完工于五月，动用的则是盐政结余之钱。修复祠堂外又重建了大极亭，此亭先前毁于火。聂心汤见阳明先生作品多散佚，便向民间求购，再补其残缺，辑为《阳明全书》。此外，聂县令还精心整理了租税。祀田收入除了用于祭祀之外，剩下的供诸生读书，这是勋贤祠永久的规定。会稽陶望龄也作了一篇《勋贤祠记》，载于府志。

到了清朝，政府推崇程朱理学，排斥陆王心学，官方对勋贤祠的管理和祭祀就没有明朝时候那么郑重了，勋贤祠甚至陷入了田产之争。钱塘有郑斌然父子，改为王姓，冒充王守仁后裔，经过官府的认可，夺取了典祠管领之职，侵吞资产，隐匿祠志。

到了康熙年间，真正的王氏后裔回到此间，得到了一本旧的勋贤祠志，了解了这座祠的情形。康熙三十三年（1694），王氏后裔兴起诉讼，官府判定祠产改由王阳明后裔掌管和收租。过了八年，当地部分士绅联合起事，驱逐王氏后裔，向官府请愿，提出仍由郑家父子经营或收缴入官，甚至提议毁掉勋贤祠，在此处建立"万寿亭"为当今皇上祝寿等等。

闹事者多为利益相关的士绅和欠租不交的佃户，实质是想趁乱瓜分财产、免交田租。官府不能秉公办事，有意向恶势力倾斜，这让著名学者毛奇龄十分愤慨，便联合了绍兴府众多绅士，提出《请定勋贤祠产典守公议》，将此议投递官府，并大力呼吁道："勋贤存毁，决于此日，唯愿大赐鉴察，仰体前哲，俯怜孤裔。"

此次争议的结果未见于记载，所以祠产归了谁不得而知。由此事也可以看出勋贤祠此时已经式微了，最迟到乾隆中期，勋贤祠即毁弃不存。

参考文献

1.〔明〕田汝成撰，商维浚重订：《西湖游览志》，明万历间刻本。

2.〔清〕陈璚修、王棻纂，屈映光续修、陆懋勋续纂，齐耀珊重修、吴庆坻重纂：《杭州府志》，民国十一年（1922）铅印本。

3.乔治忠：《日藏孤本〈勋贤祠志〉及相关史事》，《浙江学刊》2012年第6期。

丛书编辑部

艾晓静　包可汗　安蓉泉　李方存　杨海燕
肖华燕　吴云倩　何晓原　余潇艨　张美虎
陈　波　陈炯磊　尚佐文　周小忠　胡征宇
姜青青　钱登科　郭泰鸿　陶文杰　潘韶京
（按姓氏笔画排序）

特别鸣谢

曹晓波　方龙龙　陶水木（系列专家组）
魏皓奔　赵一新　孙玉卿（综合专家组）
夏　烈　郭　梅（文艺评论家审读组）

图片作者

叶志凤　邬大江　汪玉英　张　煜　陈　俊
周兔英　贺勋毅　姚建心　徐昌平　曹　元
韩　盛
（按姓氏笔画排序）